Wem gehört der Osten?

Sebastian Fink (Text)
Klaus Stuttmann (Karikaturen)
Olaf Jacobs (Hg.)

Wem gehört der Osten?

Die großen Deals der deutschen Einheit

mitteldeutscher verlag

Bibliografische Information der Deutschen Nationalbibliothek
Die Deutsche Nationalbibliothek registriert diese Publikation in der Deutschen
Nationalbibliografie; detaillierte bibliografische Daten im Internet unter
http://d-nb.de.

2015
© mdv Mitteldeutscher Verlag GmbH, Halle (Saale)
www.mitteldeutscherverlag.de

Gesamtherstellung: Mitteldeutscher Verlag, Halle (Saale)

ISBN 978-3-95462-556-7

Printed in the EU

INHALT

VORWORT

„Wem gehört der Osten?" ist eine der großen Fragen, die sich mit der Wiedervereinigung stellen. Anders als die Fragen nach Währung, Blockzugehörigkeit und politischem System wird diese jedoch kaum offen ausgesprochen. Die einen erkennen sie nicht in ihrer Dimension, die anderen erkennen die Dimension und schweigen gerade deshalb.

Was passiert mit dem von der DDR deklarierten Volkseigentum und wem gehört nun eigentlich was? Das waren letztlich die entscheidenden Fragen der Wiedervereinigung. Wie wickelt man einen Staat ab, wie überführt man ein in Jahrzehnten gewachsenes wirtschaftliches System in ein anderes, und das alles vor dem Hintergrund ganz unterschiedlicher Interessen? Es ist die Zeit, in der Grundbücher, Pachtverträge und Besitzurkunden einen völlig neuen Wert erhalten und Investoren, Alteigentümer und Glücksritter sich für den deutschen Osten interessieren. Schließlich geht es um nicht wenig.

Und auch für die Ostdeutschen selbst ergibt sich plötzlich eine ungeahnte Differenzierung zwischen Arm und Reich, zwischen Menschen mit und ohne Vermögen. Dass die Frage des Eigentums der Schlüssel dazu ist, wer in unserer Gesellschaft darüber mitentscheidet, wie sich Städte entwickeln, wie viel Arbeit es auf dem Land geben und wer sich Mieten in innerstädtischen Lagen leisten kann, wird erst Jahrzehnte nach der Wiedervereinigung schmerzhaft deutlich.

Am Ende der DDR sind die Deutsche Reichsbahn und die Kirchen die größten nicht staatlichen Besitzer von Grund und Boden im Osten Deutschlands. Darüber hinaus müssen fast 8.500 Unternehmen, zwei

Millionen Hektar Wald, zwei Millionen Hektar agrarwirtschaftliche Ländereien, Tausende Seen und rund 100.000 Immobilien privatisiert werden, durch Verkauf oder durch Rückgabe.

Der damaligen Bundesregierung ist vor allem daran gelegen, schnell zu privatisieren. Schon Ende 1994 verfügt die Treuhandanstalt von ihren zwischenzeitlich etwa 12.350 Betrieben nur noch über 192, und diese stellen sich als die echten Ladenhüter der deutschen Einheit heraus. Für die alten Atomkraftwerke oder den Uranbergbau in der „Wismut" konnten sich keine Käufer finden. Hier muss der Staat noch über Jahrzehnte Unsummen in Rückbau und Renaturierung investieren. An anderer Stelle verlief die Privatisierung so schnell, dass Rechtsstreits und Fehler bis heute nachhängen. Studien gehen davon aus, dass ein Großteil der Umwandlungen landwirtschaftlicher Produktionsgenossenschaften in Agrargenossenschaften oder GmbHs fehlerhaft oder zumindest ungerecht vollzogen worden sind. Ausgetretene Mitglieder wurden in den 1990er-Jahren oftmals zu gering abgefunden. Grundlage für die Höhe dieser Abfindungen bildeten Eröffnungsbilanzen, die häufig viel schlechtergerechnet waren, als es den tatsächlichen Verhältnissen entsprach.

Durch Energiewende, explodierende Weltbevölkerung und wachsendes ökologisches Bewusstsein der Menschen hierzulande steigen mittlerweile auch die Bodenpreise unaufhörlich. Land zurückzukaufen ist damit unerschwinglich für diejenigen, die sich einst auszahlen ließen. Jene hingegen, die einst mit ihren kleingerechneten Bilanzen preiswert Flächen übernahmen, sind heute die neuen Herren und Millionäre auf dem Land.

Die Befürchtungen der ersten Jahre nach der Wiedervereinigung, dass auch Wälder und Seen bald schon nur noch wenigen Eigentümern zugänglich sein würden, haben sich allerdings nicht bestätigt. Etwa 570.000 Hektar Wald sind verkauft – allein in Brandenburg gibt es heute um die 100.000 private Waldbesitzer. Der Forst derer von

Sachsen-Coburg und Gotha ist derzeit mit 9.000 Hektar der größte zusammenhängende Privatwald in Ostdeutschland. Den Nutzen aus den Wäldern ziehen die jetzigen Eigentümer, alter Adel, neue Fonds oder westdeutsche Industrielle, die hier ein interessantes Investment sehen – schließlich steigt auch der Preis für Holz seit Jahren. Der Zugang für jedermann freilich ist geblieben und das Empfinden für die Heimat auch. Wohl deshalb ist die Privatisierung der Wälder vergleichsweise geräuschlos vonstattengegangen.

Das einmalige Experiment der Umwandlung einer Volkswirtschaft ist bis heute nicht abgeschlossen. Noch gibt es Filetstücke, um die gestritten wird; Ladenhüter, die keiner haben will, und Flächen, deren Wert in den letzten Jahren so weit explodiert ist, dass es mittlerweile ganz andere Käufer braucht. Doch das sind die unerledigten Ausnahmen eines riesigen Prozesses der Umorganisation.

Der vorliegende Band ist Teil des medienübergreifenden Projektes „Wem gehört der Osten?". Der Kern sind drei Fernsehdokumentationen: „Die Stadt", „Das Land" und „Die Heimat". Die Produktionen entstanden federführend beim Mitteldeutschen Rundfunk und unter Beteiligung von NDR und ARTE. Sie nehmen den heutigen Stand der Eigentumsverteilung in Ostdeutschland zum Ausgangspunkt, um den Weg dahin zu thematisieren und die aus den gegenwärtigen Eigentumsverhältnissen resultierenden ostdeutschen Eigenheiten aufzuzeigen.

Das Buch „Die großen Deals der deutschen Einheit" hingegen fokussiert auf die Geschichte. Es ist eine Rekapitulation dessen, was in den vergangenen 25 Jahren großes öffentliches Aufsehen erregte. Oft waren das gar nicht die Geschäfte, die mit besonderer krimineller Energie scheiterten oder bei denen spektakulär viel Kapital involviert war, vielmehr betrifft dies die Umstände, die mit Orten, Betrieben und manchmal auch Produkten zusammenhingen und die für die Ostdeutschen mit besonderen Emotionen verbunden waren. Die

Privatisierung von Wäldern und Seen erschütterte zu Beginn dieses Transformationsprozesses das Heimatempfinden, die Betrachtung von Wohnungen als Wirtschaftsgüter, mit denen Profite erzielt werden sollten, schien ebenso fremd, wie der Abbau von Arbeitsplätzen kaum als unternehmerische Leistung verstanden werden konnte.

Der Einzug des Kapitalismus in ein Land ohne Kapital und die damit einhergehende Verwandlung des Volkseigentums in privaten Besitz ist ein so vielfältiger und vielschichtiger Prozess, dass eine echte Bilanz gegenwärtig kaum möglich scheint. Die hier rekapitulierten Deals rund um die deutsche Einheit widerspiegeln das Spektrum dessen, was in diesem Transformationsprozess möglich war und was besonders an den Emotionen der Ostdeutschen rüttelte.

Der Karikaturist Klaus Stuttmann war mit seinen beinahe täglichen Karikaturen in verschiedenen deutschen Tageszeitungen ein wacher Beobachter und präziser Chronist von Stimmungen und Entwicklungen. Die Karikaturen in diesem Buch stammen jeweils aus dem zeitlichen oder thematischen Kontext der sie begleitenden Geschichte. Sie sind damit in gleicher Weise ein Zeitzeugnis wie das in den Kapiteln Geschilderte selbst und eröffnen, so hoffen wir, eine zusätzliche Perspektive.

Olaf Jacobs, Produzent und Herausgeber
Leipzig im Mai 2015

EINLEITUNG

Als am 9. November 1989 die Tore am Grenzübergang Bornholmer Straße in Berlin geöffnet werden, verliert auch die innerdeutsche Grenze ihre Gültigkeit. Gleichzeitig stellen sich viele neue Fragen – allen voran: Wie soll es weitergehen mit beiden deutschen Staaten? Die Bundesrepublik ist auf diesen Fall kaum vorbereitet. Gedanken an die Einheit Deutschlands werden in den folgenden Wochen durch die Straßen der DDR getragen. Doch in Westdeutschland bleibt man skeptisch. Bundeskanzler Helmut Kohl (CDU) lehnt eine schnelle Wiedervereinigung zunächst ab. Fünf bis zehn Jahre, so seine Prognose damals, würde eine sinnvolle Einheit dauern. Doch als der Kanzler am 19. Dezember 1989 in Dresden spricht, wird ihm klar, so erzählt er später, dass hier ein einmaliger Einheitswille besteht. Ein Wille, den der in der Bundesrepublik nicht unumstrittene Kohl auch gut für den eigenen Wahlkampf nutzen kann. Im März 1990 steht die erste freie Volkskammerwahl an, bei der die CDU das Feld für eine erfolgreiche Bundestagswahl im Herbst bereiten könnte und die Idee liegt nahe, mit den Stimmen aus dem Osten Kohls Wiederwahl zu sichern. Daraufhin schwenkt der Kanzler um und beginnt die Einheitsbemühungen zu forcieren:[1] Statt mehreren Jahren dauert die Wiedervereinigung nur knapp elf Monate. Ohne Präzedenzfall wird das Ganze zu einer Reise ins Ungewisse und in ein fremdes Land. Die vor Ort anzutreffenden Gegebenheiten folgten bis zu diesem Zeitpunkt einer anderen wirtschaftlichen Logik. Daher geschehen besonders bei der Bewertung und Transformation der DDR-Wirtschaft viele Fehler, die noch bis heute spürbar sind.

Am 1. Juli 1990 wird die Währungsunion umgesetzt. Eins zu eins lautet der Umtauschkurs von Ost- zu Westmark für laufende Zahlungen und Löhne bis zu einer Höhe von 4.000 Mark pro Erwachsenem und 2.000 Mark pro Kind. Bundesbank-Chef Karl-Otto Pöhl protestiert und tritt zurück, als ihm kein Gehör geschenkt wird. Ebenso ergeht es dem damaligen Vize-Vorsitzenden der DDR-Staatsbank, der noch im April 1990 versucht, geheime Analysen über den tatsächlichen Zustand der DDR-Wirtschaft an Kohl weiterzugeben, aber ebenfalls ignoriert wird. Der neue Umtauschkurs ist politisch motiviert und soll die Lebensverhältnisse der Ostdeutschen schnell an das Westniveau anpassen. Zugleich ist er aber ökonomisch ohne Grundlage und zu Beginn des wirtschaftlichen Einigungsprozesses für viele ostdeutsche Betriebe schlicht nicht tragbar. Denn mit der neuen Währung sind sie allein bei den Gehältern wettbewerbsfähig. Die Preise für Ostprodukte steigen um das Vierfache. Ohne den dadurch wegbrechenden Absatzmarkt im Osten verlieren rund eine Million Ostdeutsche ihren Job, gehen Tausende Unternehmen pleite. Die Arbeitslosenquote klettert bis 1997 auf 20 Prozent. Begünstigt wird dieser Prozess noch durch die falsche Einschätzung der Wirtschaft durch die DDR-Führung selbst. Dort hatte man den sozialistischen Staat zu den Top Zehn der Industrienationen gerechnet. Tatsächlich aber besaß die DDR nur ein Drittel der Produktivität des Westens. Der von Kohl angedachte lukrative Verkauf der Betriebe zur Finanzierung der Einheit wird zum Flop. Eine regelrechte Deindustrialisierung setzt ein, deren Spuren man auch heute noch in der Firmenlandschaft des Ostens erkennen kann. Auch die Gehälter in den alten Bundesländern sind nach wie vor besser als in den neuen. Bis zur Jahrtausendwende verlassen rund 1,3 Millionen Menschen die neuen Bundesländer gen Westen, bis 2014 ist ihre Zahl auf 2,4 Millionen gestiegen.[2]

Die Treuhandanstalt

Entsprechend der Aufbruchstimmung in den Monaten der friedlichen Revolution nimmt die Treuhandanstalt im März 1990 am Berliner Alexanderplatz ihre Arbeit auf. Dem geht eine Vereinbarung am runden Tisch in Ostberlin am 12. Februar voraus: Eine treuhänderische Anstalt soll die Anteilsrechte der DDR-Bürger an der volkseigenen Wirtschaft wahren. Die Idee von Wolfgang Ullmann von der Vereinigung „Demokratie jetzt!": Die großen Kombinate in lebensfähige Betriebe aufteilen und den Mitarbeitern Anteilsscheine anbieten – sogenannte Volksaktien –, um vom Betriebsergebnis zu profitieren. Der Wert der Anteilsscheine wird einfach auf Basis der Bevölkerungszahl auf ein 16-Millionstel festgelegt. Fast zeitgleich legt auch die DDR-Regierung unter Hans Modrow ein Konzept für eine Treuhandanstalt vor. Aus dem Sachverständigenrat der westdeutschen Hauptstadt Bonn kommt der Gegenvorschlag: Treuhand ja, aber nicht als Erblassverwalter der DDR, sondern als Privatisierer: Die Kombinate sollen in kleinere Kapitalgesellschaften umgewandelt und deren Anteile an DDR-Bürger verkauft werden. Dass es kaum etwas zu verteilen gibt in der DDR, ahnen die Verantwortlichen noch nicht.

Die Schaffung der Treuhandanstalt wird am 15. März 1990 im DDR-Ministerrat beschlossen, ihr erster Leiter wird Peter Moreth. Mit 75 Mitarbeitern beginnt die Arbeit. Doch was genau zu tun ist, bleibt zunächst unklar. Offiziell ist die Treuhand nun Besitzerin von beinahe 8.500 Betrieben mit über vier Millionen Beschäftigten. Die Maxime: Möglichst viele Jobs erhalten, Standorte sichern. Doch weder ist genau klar, was alles zum Besitz gehört, noch wie die Privatisierung genau vonstattengehen soll. Wie eine GmbH gegründet wird, ist gesetzlich in der noch bestehenden DDR nicht neu geregelt. Bereits im Mai des gleichen Jahres wird Moreth daher vom letzten DDR-

Regierungschef Lothar de Maizière abgelöst. Es folgen mit Detlev Karsten Rohwedder als Verwaltungsratschef und Reiner Maria Gohlke als Vorstandsvorsitzendem zwei erstklassige Ökonomen aus Westdeutschland. Unter deren Führung wird die Idee der Anteilsscheine verworfen. Stattdessen soll die Treuhand alle Betriebe verkaufen dürfen, um die Kosten der Einheit abzufedern und zugleich Investoren in den Osten zu locken. Glücksrittern aus dem Westen soll ein Riegel vorgeschoben werden. Die Behörde zieht innerhalb Berlins in ein Verwaltungsgebäude in der Leipziger Straße um, das wesentlich mehr Mitarbeitern Platz bietet. Im August tritt Gohlke im Streit mit Rohwedder zurück. Der übernimmt selbst das Ruder. Doch es dauert bis Ende des Jahres 1990, ehe die Treuhand einigermaßen professionell arbeiten kann. In dieser Zeit sind viele Deals schon gemacht und zahlreiche Ostbetriebe bereits unwiederbringlich geschädigt.[3]

Schon in den ersten beiden Jahren wird deutlich, wie sehr sich die Bundesregierung in Bonn mit der DDR-Wirtschaft verschätzt hat: Statt eines Milliardengewinns häuft die Treuhand bis 1994 rund 200 Milliarden Mark Verlust an. Nur 34 Milliarden werden durch Verkäufe eingenommen, bevor die Treuhand Ende des Jahres zur Bundesanstalt für vereinigungsbedingte Sonderaufgaben (BvS) umgebaut wird. Das liegt zum einen tatsächlich an dem maroden Zustand eines Großteils der DDR-Betriebe sowie an der Regelung „Rückgabe vor Entschädigung" unter anderem für Immobilien und Grundstücke, was die Privatisierung oft so weit verzögert, dass sie letztlich scheitert. Andererseits verfügt eine ganze Reihe von übernahmebereiten Betrieben über ein lukratives Grundstücks- und Immobilienvermögen sowie millionenschwere Auftragsbestände. Dass viele dennoch früher oder später pleite gehen, ist auch der Bereitschaft westdeutscher Unternehmer geschuldet, viele Geschäfte an der Legalität vorbei zu tätigen. Offenbar war dies ein Faktor, mit dem die Bundesregierung nicht gerechnet hat. Firmen mit guten Erfolgsaussichten werden zu Spekulationsobjekten, an denen sich Einzelne bereichern.

Die Treuhandanstalt begünstigt dies durch oftmals mangelnde Überprüfung der Käufer, deren Vermögen oder fachlichem Hintergrund. Zwar arbeiten 1992 fast 4.000 Beschäftigte für die Treuhand, doch reicht dies an Personal noch immer nicht aus. Dazu kommt, dass sich Treuhandmitarbeiter selbst reihenweise der Veruntreuung schuldig machen und sich für Vertragsabschlüsse gut entlohnen lassen. So werden oft tragfähige Konzepte ostdeutscher Betriebsleiter nicht in Betracht gezogen, die Betriebe stattdessen an Westdeutsche verkauft, auch wenn diese völlig fachfremd sind. Tragisch ist der zweite Führungswechsel der Treuhand: Detlev Karsten Rohwedder fällt am 1. April 1991 einem Attentat zum Opfer, seine Nachfolge tritt Birgit Breuel an, die aus der Vorstandsriege auf den Chefposten nachrückt.[4]

Gründe für das Scheitern einer geordneten Transformation der Ostbetriebe finden sich jedoch auch an anderer Stelle: Ostprodukte sind plötzlich in der ehemaligen DDR selbst kaum noch gefragt. Alles Westliche ist besser als die bisher bekannten heimischen Erzeugnisse. Zudem ist das Vertrauen in die marktwirtschaftlich erfahrenen Westdeutschen groß. Ein beachtliches, wenn auch verständliches Stück Naivität kommt den Investoren mit unlauteren Absichten entgegen.

Ende 1994 wird die Aufgabe der Treuhandanstalt als weitgehend erfüllt angesehen. Zum 1. Januar 1995 wird sie in die Bundesanstalt für vereinigungsbedingte Sonderaufgaben (BvS) überführt. Deren Angelegenheiten werden dreigeteilt: Die Bodenverwertungs- und Verwaltungsgesellschaft mbH (BVVG) kümmert sich als Tochter der BvS um land- und forstwirtschaftliche Flächen. Sonstige Liegenschaften, hauptsächlich Wohnungen, übernimmt die heute privatisierte

TLG Immobilien AG. Alle übrigen Aufgaben verbleiben bei der BvS.[5] Die bleibt 1995 zunächst im Treuhandgebäude am Berliner Alexanderplatz, zieht aber schnell in kleinere Gebäude um. Zum Jahresende 2000 arbeiten nur noch 100 Beschäftigte bei der BvS. Sie stellt zum 1. Januar 2001 ihre operative Tätigkeit ein. Bis dahin hat sie 8.000 ostdeutsche Betriebe privatisiert und rund 3.700 aufgelöst. Ende 2003 wird die Anstalt auch offiziell abgewickelt. Heute ist die BvS in der Schönhauser Allee mit einer Handvoll Mitarbeitern noch immer aktiv. Die Bundesanstalt für Immobilienaufgaben (BImA) hat für die BvS deren Restarbeit übernommen.[6] Diese besteht zum Großteil aus dem Recherchieren von Rentenunterlagen auf Anforderung durch ehemalige Beschäftigte von Ostbetrieben. Aber auch letzte Firmen müssen noch immer liquidiert und eine Vielzahl von Grundstücken verwertet werden. Wann die Aufgaben der BvS tatsächlich erledigt sind, ist weiterhin offen.[7]

Schattenseiten der deutschen Einheit

Zwischen drei und zehn Milliarden D-Mark kostet die Vereinigungskriminalität die deutsche Wirtschaft, so die Schätzung des hierfür ins Leben gerufenen Untersuchungsausschusses im Bundestag 1998. Dass keine genauere Zahl vorliegt, legt den Verdacht nahe, wie hoch die Dunkelziffer vermutet wird und wie viele Fälle niemals ans Tageslicht gekommen sind. „Sicher ist nur, dass abgesahnt wurde ohne Ende", sagt der Ausschussvorsitzende Volker Neumann (SPD) in einem Interview mit der Zeitung *Die Welt* rückblickend im Jahr 2010. Besonders in den ersten beiden Jahren werden Recht und Gesetz in der Wirtschaft kaum durchgesetzt. Die Treuhandanstalt ist so etwas wie eine Allmachtsorganisation, die Unternehmen zum Teil nach

Gutdünken übergibt und deren Mitarbeiter in einigen Fällen an dieser Vorgehensweise mitverdienen. Dutzende Ermittlungsfälle gegen Treuhand-Verantwortliche sind nur die Spitze eines Eisbergs, der inzwischen längst abgetrieben ist. Die meisten Wirtschaftsverbrecher von damals kommen ungeschoren davon – oft, ohne dass ihre Vergehen überhaupt bekannt werden. Der frühere Hamburger Bürgermeister Henning Voscherau bezeichnet die ersten Jahre der Einheit später als das „größte Bereicherungsprogramm für Westdeutsche, das es je gegeben hat".

Das Problem ab 1990 ist groß: Um Rechtsstaatlichkeit auf allen Ebenen durchzusetzen, mangelt es an einem demokratischen Justizwesen auf dem Gebiet der ehemaligen DDR. Rund 5.000 Richter und Staatsanwälte fehlen. Die Amtsinhaber im Osten sind nicht für bundesdeutsches Recht ausgebildet und haben zudem häufig eine zweifelhafte Vita aus dem sozialistischen Staat mitgebracht. Eine spezielle Anlaufstelle für die rund 20.000 Vergehen der Wirtschaftskriminalität wird 1991 von der Regierung unter Helmut Kohl mit der Zentralen Ermittlungsstelle für Regierungs- und Vereinigungskriminalität (ZERV) eingerichtet. Alle Fälle in den Büros am Flughafen Berlin-Tempelhof abzuarbeiten, gelingt den Beamten aber nie. Ende 1996 besagt die Statistik, dass gegen rund 180 Treuhänder eine Strafanzeige wegen Veruntreuung gestellt wurde. Dazu kommen 1.801 Fälle von Wirtschaftskriminalität und 357 Aushöhlungsverfahren – alle zwischen 1991 und 1994. Damals stehen allerdings noch 25.000 Verträge zur Überprüfung aus.[8] Bis zum Jahresende 2000 steigt die Zahl der bearbeiteten Fälle auf 20.327. Der vereinigungsbedingten Wirtschaftskriminalität werden davon rund 4.000 Fälle zugerechnet, der Rest wird unter Regierungskriminalität die SED-Führung der DDR betreffend geführt.

Die ZERV wird 1994 ersatzlos aufgelöst.[9]

Anmerkungen

1   Die Welt Online, 19.12.2014, „Die wichtigste Rede in der Karriere des Helmut Kohl".

2   Handelsblatt, 19.9.2014, „Die geglückte Fusion".

3   Der Spiegel, 3.2.1997, „Ein Land im Sonderangebot, Teil 1: Wie die Treuhand die DDR verkaufte".

4   Der Spiegel, 10.2.1997, „Ein Land im Sonderangebot, Teil 2: Wie die Treuhand die DDR verkaufte".

5   Die Welt, 14.12.2000, „Treuhand-Nachfolgerin BvS schließt ihre Arbeit ab".

6   http://www.bvs.bund.de/003_menue_links/03_portrait/index.html, Bundesanstalt für vereinigungsbedingte Sonderaufgaben, „Wir über uns" und „Kurzporträt", abgerufen am 29.4.2015.

7   Focus, 30.9.2010, „Die Resterampe der DDR-Wirtschaft".

8   Der Spiegel, 10.2.1997, Sonderangebot.

9   Der Tagesspiegel, 28.12.2000, „‚Zerv' wird aufgelöst: Ermittlungen für die Einheit".

Kapitel I

DIE BETONSPECHTE VON ARNEBURG: DER ABRISS DES AKW STENDAL

Ein drittes, größeres Atomkraftwerk – das ist 1970 der Wunsch des Ministerrats der DDR, um die vor allem im Winter anfällige Stromversorgung des Landes abzusichern und Westberlin für wertvolle Devisen zu versorgen. Als Standort wird Niedergörne zwischen Stendal und Arneburg in der Altmark ausgewählt. Tausende Tonnen Stahlbeton werden bis 1989 verbaut. Doch ein Brennstab gelangt nie ins größte AKW der DDR. Übrig bleibt eine unnütze Bauruine, an der sich bis heute Abrissunternehmen die Zähne ausbeißen, oder besser: die Meißel stumpfpicken.

Ein AKW für den Sozialismus

Eigentlich soll das dritte Atomkraftwerk der DDR nach Greifswald und Rheinsberg – hier KKW III (Kernkraftwerk) genannt – in Hohenwarthe-Ost nahe Magdeburg zwischen der Autobahn A 2, Kilometer 77,5 und der Elbbrücke entstehen. 1970 wird der Beschluss im Präsidium des Ministerrats der DDR gefasst. 1973 wird der Plan aus Sicherheitsgründen auf einen anderen Standort verlegt. Die geplanten neuen Druckwasserreaktoren aus der Sowjetunion können nicht so schnell geliefert werden wie erhofft, sodass zunächst auf ältere Reaktoren mit weniger Leistung umgeplant wird. Dafür muss aber ein Platz gefunden werden, der weit genug entfernt von der Großstadt Magdeburg liegt. Zwischen Stendal und Arneburg ist einer der wenigen dünn besiedelten Landstriche der DDR zu finden. Der Zugang über die Autobahn ist dennoch gewährleistet, und so wird 1974 mit dem Bau begonnen. Der Arneburger Ortsteil Niedergörne mit 120 Einwohnern verschwindet dafür. Ein Zugang zur Elbe mit eigenem Hafen wird errichtet. 1979 wird nach Absprache mit der Sowjetunion wieder auf die neuen, leistungsstarken Reaktoren umgeplant. Je 1.000 Megawatt (MW) sollen zunächst zwei, in der zweiten Ausbaustufe vier Reaktoren leisten – damit könnte ein Viertel des Landes aus Richtung Stendal mit Strom versorgt werden. 1982 beginnt der Bau von Reaktor 1, 1984 für Nummer 2. Bis 1989 fließen 22 Milliarden Ostmark in das Projekt. Ende 1991 hätte nach mehreren Terminverschiebungen wegen Qualitätsmängeln und Planänderungen der erste Block Strom erzeugen sollen. Alles ist für den Einsatz der Brennstäbe vorbereitet. Doch die friedliche Revolution kommt dazwischen.[1]

Wie die *Magdeburger Volksstimme* anlässlich einer Stasi-Ausstellung im September 2000 berichtet, ist das Ministerium für Staatssicherheit bei der Überwachung des Baus mit einem Großaufgebot gefordert. Die Bespitzelung beginnt am 1. April 1974 mit einer Operativgruppe. Bis 1987 werden daraus zwei Referate mit zusammen zehn hauptamtlichen Mitarbeitern, denen neun weitere Kollegen und ein Offizier im besonderen Einsatz (OibE) zur Seite stehen. 1988 sind außerdem 100 inoffizielle Mitarbeiter (IM) im Einsatz. Schon 1975 wird den Spitzeln das Leben vor Ort mit Neubauwohnungen und Freifahrtscheinen für den Bus angenehmer gestaltet. Die Aufgabe im wichtigsten DDR-Bauprojekt der letzten beiden Jahrzehnte ist klar: Jeder, der eingestellt wird, muss genauestens überprüft werden. Wer durchfällt, muss sich anderswo einen Job suchen. Sabotage soll von vornherein ausgeschlossen werden. Und das ist bei insgesamt rund 7.500 Arbeitern eine Mammutaufgabe. Probleme machen in den 1980er-Jahren rund 800 polnische Gastarbeiter, die des Fachkräftemangels wegen eingestellt werden. Man traut den Polen nicht, arbeitet eng mit dem Innenministerium des Nachbarn zusammen.

So gut die Baustelle von der Stasi bewacht wird, so schlecht ist trotz ihrer Bedeutung zum Teil die Versorgung. Pleiten, Pech und Pannen begleiten den unvollendeten Bau 16 Jahre lang. IMs schreiben immer wieder über Stillstandszeiten an den Hauptanlagen, vermehrt in den 80er-Jahren, als der Mangel immer offensichtlicher wird. Offene Worte sind intern erwünscht: Laut des OibE gibt es 1985 einen Planrückstand von bis zu 130 Millionen Mark. Die Planerfüllung 1982 wird nur geschafft, weil das Planziel heimlich um ein Drittel reduziert wird. „Lug und Trug" seien die Pläne. Und nicht nur der Rückstand ist groß. Auch die Ausführung lässt aus Sicht der Stasi zu wünschen übrig. Kritik gibt es laut *Volksstimme* von IM „Paul Schäfer" 1987 an der schlecht ausgeführten, 20 Zentimeter dicken Betonschale der Kühltürme. 1989 listet IM „Klaus Dieter Stahl" die Schäden am Reaktorgebäude auf. Und die Liste ist lang. Die „nukleare Sicherheit" sei in Gefahr, schreibt er im Oktober, wenige Wochen vor dem Mauerfall. So ist es angesichts der – großteils – mangelbedingten Schludrigkeit des Baus ein Glück, dass das Werk nie ans Netz geht.

Peinlich für die DDR ist 1988 ein Interview mit dem ungarischen Prüfingenieur Karoly Ötvös in der ARD. Nach einem Jahr auf der Arneburger KKW-Baustelle ist sein Fazit gruselig-humorvoll: „Die bauen kein Atomkraftwerk, die basteln sich eins."

Kritik am Vorhaben kommt trotz Stasi-Bespitzelung schon ab 1983 an die DDR-Öffentlichkeit. Kirchliche und ökologische Gruppen aus Magdeburg, Leitzkau bei Zerbst, Lieste und Stendal protestieren gegen den Bau. Ab 1987 geht die Stasi gezielt gegen die Aktivisten vor, versucht die Gruppen auseinanderzutreiben durch ständige Überwachung und Einschüchterung. Die Stendaler Ärztin Erika Drees zeigt zur Parade am 1. Mai 1987 ein Plakat, auf dem steht: „KKW sind Zeitbomben". Trotz Hinweisen auf die Konsequenzen durch einen IM,

wird sie vor allen Zuschauern aus dem Marschblock der Kreispolikli-
nik herausgezogen und verhaftet. Doch die Aktivisten bleiben am
Ball, verteilen am dritten Jahrestag der Tschernobyl-Katastrophe,
am 26. April 1989, selbst gebastelte Postkarten gegen den Bau. Die
Stasi beschlagnahmt fast 300 Stück. Im August finden die Spitzel ein
Transparent mit der Aufschrift: „No Atomstrom in mein Wohnhome".
Es ist der letzte verzeichnete Protest. Danach geht die DDR unter und
mit ihr bald darauf der Plan des KKW-Neubaus.[2]

Ans Netz oder nicht?

Denn trotz Mauerfall soll zunächst weitergebaut werden. Die KKW
Stendal GmbH wird am 1. Juli 1990 gegründet, Harald Gatzke – frü-
her stellvertretender Energieminister der DDR – soll den Weiterbau
vorantreiben. Die Stromversorgung in Ostdeutschland muss nach
wie vor gewährleistet werden. Die Stendaler arbeiten schon seit
Ende 1989 eng mit den westdeutschen Energieunternehmen RWE,
Siemens KWU, Preußen Elektra und Bayernwerke AG zusammen.
Man will vorbereitet sein. Denn mit der Währungs-, Wirtschafts- und
Sozialunion mit der Bundesrepublik ab 1. Juli 1990 gilt auch das
bundesdeutsche Atomgesetz mit allen Sicherheitsbestimmungen.
Im August ergibt eine Analyse des Rohbaus: Die ersten zwei Blöcke
könnten mit den geplanten sowjetischen Reaktoren – gepaart mit
westdeutscher Sicherheitstechnik – in Betrieb genommen werden.
Die Blöcke 3 und 4 sollen mit noch leistungsstärkeren Siemens-Re-
aktoren ausgestattet werden. Erst drei von acht geplanten Kühltür-
men stehen. Einer von vier Reaktorblöcken ist fertig, ein zweiter im
Anfangsstadium. Noch sind Material und Auftragsbestände vorhan-
den, dennoch folgt der Baustopp am 17. September 1990, um das
neue Genehmigungsverfahren nicht zu gefährden. Problematisch

zeigt sich die Frage der Finanzierung: Die Ausstattung mit moderner Sicherheitstechnik kostet allein für einen der vier Reaktoren 3,5 Milliarden D-Mark – Geld, das die westdeutschen Firmen als Betreiber nicht aufbringen können.[3] Die Treuhand zahlt inzwischen die Löhne der verbliebenen rund 7.000 Arbeiter und wartet auf eine politische Entscheidung aus Bonn. Doch obwohl die längst zugunsten eines Abrisses gefallen ist, zögert die Bundesregierung lange, lässt zwar die Treuhand für die Gutachten zahlen, verweigert aber selbst jegliche Zuschüsse für einen Weiterbau.[4] Der Stendaler Kreistag nutzt im März 1991 die Umstände, um gegen den Weiterbau zu stimmen. Die Treuhand verhängt den endgültigen Baustopp. Damit ist das Kraftwerk vom Tisch.[5]

Die Treuhandanstalt als Gesellschafter sowohl der Berliner Kraftwerksanlagenbau als auch der Stendaler KKW-Gesellschaft verfügt die Abwicklung aller bestehenden Investitionsaufträge. Rund 500 Millionen D-Mark Steuergeld fließen dafür bis 1992. Die KKW Stendal GmbH wird in AIG Altmark Industrie GmbH umbenannt und mit der Vermarktung des Standortes beauftragt. Aus dem Erschaffer Harald Gatzke ist jetzt der Abwickler geworden. Zunächst versucht er mit der AIG weiter einen Kraftwerksbetrieb zu installieren. Die Energieunternehmen RWE und E.ON planen in einer gemeinsamen Gesellschaft ein Steinkohlekraftwerk und wollen die Kühltürme sowie den Elbehafen des KKW Stendal dafür nutzen. 1992 erwirbt die Gesellschaft – die heutige BPR Verwaltungs-GmbH – 165 Hektar des Geländes. 1998 soll das Werk ans Netz gehen.[6]

Doch die Länder Sachsen und Brandenburg wehren sich. Man fürchtet durch die Importsteinkohle Konkurrenz für die heimische Braunkohle aus Nordsachsen und der Lausitz. Mit der Treuhand wird 1994 die Vereinbarung getroffen, dass das Steinkohlekraftwerk nicht vor 2012 ans Netz gehen darf. 2008 legt RWE zwar Pläne für ein 2,2 Milliarden teures Kohlekraftwerk vor, dass 2015 in Betrieb gehen

soll, doch es regt sich schnell Widerstand in Arneburg. Eine Bürger-
initiative wird gegründet. 2010 stellt RWE das Projekt aus wirtschaftlichen Gründen zurück.[7]

Für Harald Gatzke ist schnell zu erahnen, dass ein Kraftwerksbau
auf absehbare Zeit nicht umgesetzt wird. Er teilt das riesige Kraft-
werksgelände: Auf dem unbebauten Teil will er ab 2001 den lange
geplanten Industrie- und Gewerbepark ansiedeln. Mit der Verpflich-
tung der Mercer International Group, dort ein großes Zellstoffwerk
zu bauen, gelingt ihm 2002 ein echter Coup. Weitere Unternehmen
folgen. 2008 wird er dafür mit dem Bundesverdienstkreuz am Ban-
de ausgezeichnet.[8] Das 13 Hektar kleine Areal, auf dem die Bauruine des KKW steht, verkauft er 2001 für einen Euro an die Neue Haus
Entwicklungs- und Verwaltungs-AG aus Berlin.[9] Diese lässt den Abriss
des Rohbaus seither vorantreiben. Dessen Ende erlebt Harald Gatzke
nicht mehr. Der Mann, der das KKW am liebsten fertiggebaut hätte,
stirbt am 2. Dezember 2012 in seinem Haus in Wischer ganz in der
Nähe des Geländes.[10]

„Steinbruch" Arneburg

Schon 1991 beginnt die Demontage des KKW. Der metallene innere
Reaktorbehälter wird in Hamburg zerlegt und verschrottet. 1994 wird
der 150 Meter hohe Kühlturm von Block 2 gesprengt. Da das Kohlekraftwerk nicht gleich gebaut werden kann und die Unterhaltskosten
zu hoch sind, fallen auch die Kühltürme von Block 1 im Jahr 1999
dem Sprengmeister zum Opfer.[11]

Als äußerst schwieriges Unterfangen erweist sich der Abriss der
Reaktortürme. Die von der Stasi festgestellten Qualitätsmängel sind
beim Abtragen des Rohbaus nicht zu spüren. Hartnäckig hält sich
der Stahlbeton. Der auf Strahlungssicherheit ausgelegte Reaktor wird

zum Härtetest im doppelten Sinne: 1,20 Meter dick und 40 Meter hoch ist die Reaktorwand. Sie steht auf einem Betonblock, der noch Generationen von Gebäuden als Fundament dienen könnte.

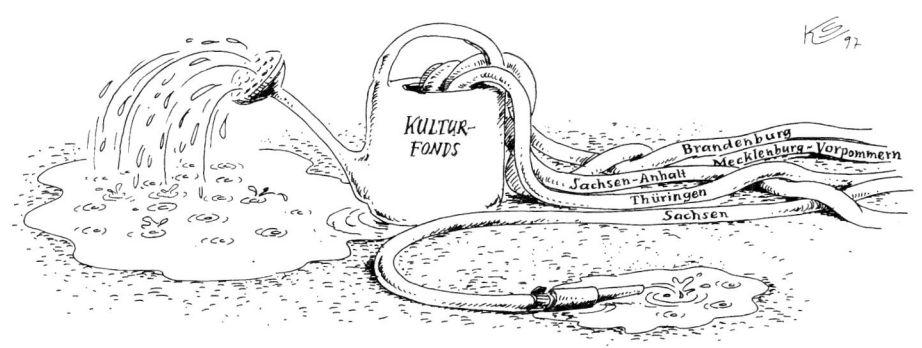

Das Anlegen blühender Kulturlandschaften ...

Über die Jahre wird die Baustelle zum Anziehungspunkt für Touristen und Schaulustige aus Arneburg und der Umgebung. Regelmäßig schauen sie vorbei und sehen nach, wie weit die Betonspechte, wie die Arbeiter genannt werden, wieder gekommen sind. Mehrere Firmen versuchen sich am Abriss, die erste gibt 2005 auf. Viele Menschen aus der Umgebung sind darauf stolz, sehen die Qualität ihrer einstigen Arbeit bestätigt, hoffen insgeheim sogar, dass ihr Beton am Ende die Oberhand behält, auch wenn die meisten Anwohner froh sind, dass das Werk nie ans Netz ging. Da gibt es schon mal Rufe über den Zaun, der das Gelände umgibt, wie gut damals gebaut worden sei, und dazu höhnisches Gelächter. Im März 2008 ist mit der Hamburger ABC Germany die zweite Firma dabei, den Koloss zu zerbröseln. „Die

Leute behaupten, wir kriegen den Reaktor nicht kaputt. Die werden sich wundern", sagt ABC-Chef Tom Ferch damals. Dabei ist er kaum zu verstehen, denn schweres Gerät ist auf kleinstem Raum zur gleichen Zeit im Einsatz: Schlagbohrer, Schweißbrenner, Bohrhämmer sorgen für ohrenbetäubenden Lärm.

Ferchs Selbstbewusstsein gründet sich auf seine Erfahrung. Seit er 18 Jahre alt ist, reißt die eigene Firma Gebäude ab. Fabriken, Hallen, Stahlwerke und Gießereien sind unter seinen Hämmern schon aus der Landschaft verschwunden, Schiffe und Hafenkräne in Kleinteilen verschrottet worden. Doch das AKW Arneburg ist ein anderes Kaliber. Die Sprengung des Reaktors hat Ferch schnell verworfen. „Keine Chance", sagt er damals. Der Turm würde durch Sprengkraft nicht fallen. Also muss Hand angelegt werden. Bis zu 20 Arbeiter hämmern gleichzeitig auf den Betonriesen ein, bohren und schneiden. Ein mühseliges und knochenhartes Unterfangen. Mit Köpfchen wollen sie dem Bauwerk beikommen. Der Turm soll in Scheiben geschnitten und so Stück für Stück abgetragen werden. Dafür nutzen sie ein speziell angefertigtes Stahlseil, das mit Diamantsplittern besetzt ist, als Bandsäge – der Meter für 400 Euro. Das Seil nutzt sich allerdings schnell ab. Und doch ist es das Einzige, was sich verhältnismäßig schnell durch den Stahlbeton frisst. Nur wenige Tage brauchen die Arbeiter damals für einen 35 Meter langen Schnitt durch den Turm. Wenige Meter fehlen zum Durchbruch. Das abgetrennte Teil soll 4.500 Tonnen wiegen und muss dann immer noch zerstückelt oder zersprengt werden.

Bis Mitte 2010 will Ferch aus dem stolzen Reaktorturm einen Haufen Schutt gemacht haben. 12.000 Tonnen Stahl und 120.000 Tonnen Betonschutt sollen übrig bleiben. Beides darf Ferch verkaufen, wenn er fertig ist, und sich somit sein Honorar selbst verdienen. Die Verlängerung der Autobahn A 14 von Magdeburg hinauf nach Mecklenburg-Vorpommern könnte auf dem AKW-Schutt verlaufen – wenn er fertig wird.[12] Denn 2010 ist ein Termin, der sich nicht halten lässt, wie sich bald darauf zeigt.

2011 sind sieben Betonspechte übrig, die noch immer einen Berg von Beton und Stahl zu bewältigen haben. Tom Ferch hat die Reaktorhüllen zwar kleingekriegt, doch zwei massive, vier Meter hohe Fundamente ragen noch immer in den Arneburger Himmel. Denn nicht immer sägt es sich gleich schnell, manchmal schaffen die Arbeiter auch nur zwei Zentimeter am Tag, weil sich die Säge verklemmt. Immer noch sind die teuren Bandsägen und großen Bohrrammen im Einsatz, die den schier unkaputtbaren Beton langsam zerlegen und zerpicken. Jetzt versucht sich die Mecklenburger Flächenrecycling GmbH aus Lüdersdorf als drittes Unternehmen am Abriss. „Noch drei Jahre", schätzt André Heeren, einer der Betonspechte von Arneburg, im April 2011. „Vielleicht auch vier." Dabei sollte eigentlich schon 2010 alles geschafft sein.[13]

Von der Besitzerin Neue Haus Entwicklungs- und Verwaltungs-AG bekommt die Abrissfirma keinen Cent für ihre Arbeit. Auch hier soll das Prinzip gelten: Was abgerissen wird, darf verkauft werden. Die Lüdersdorfer haben daher nur die sieben Betonspechte geschickt, die die Reste des Betriebs zerstückeln. So halten sich Kosten und Ertrag die Waage. Eine Jobgarantie für die nächsten Jahre – dafür stumpfen die Arbeiter über ihre eintönige und schwere Arbeit ebenso ab wie die Meißel, mit denen sie den Beton bearbeiten.[14] Und sie sind bis heute nicht fertig. Vielleicht noch zwei Jahre.

Anmerkungen

1   Leipziger Volkszeitung (LVZ), 19.4.2011, „Das Kernkraftwerk Stendal"; www.ycdt.de/kkw-stendal, Archiv des KKW Stendal, abgerufen am 28.4.2015.
2   Magdeburger Volksstimme, 28.9.2000, Prüfingenieur 1988: „Die bauen kein KKW, die basteln sich eins".

3   LVZ, 19.4.2011, „Ein Werk für Betonspechte".
4   Der Spiegel, 24.12.1990, „Absurdes Schauspiel".
5   www.mdr.de, 14.7.2010, „Das unvollendete Kernrkaftwerk", abgerufen am
    28.4.2015.
6   www.ycdt.de/kkw-stendal, abgerufen am 28.4.2015.
7   Magdeburger Volksstimme, 10.4.2013, „Kraftwerk in Arneburg geht die Luft aus".
8   Magdeburger Volksstimme, 11.12.2012, „Ein Kämpfer, ruhig und besonnen".
9   LVZ, 19.4.2011, Betonspechte.
10 Magdeburger Volksstimme, 11.12.2012, Kämpfer.
11 Spiegel Online, 29.10.1999, „Stendal: AKW-Kühltürme gesprengt".
12 LVZ, 18.3.2008, „Das Ding reißt man mit dem Kopf ab".
13 LVZ, 19.4.2011, Betonspechte.
14 Ebd.; www.ycdt.de/kkw-stendal, abgerufen am 28.4.2015.

Kapitel II

WEISSE STADT MIT DUNKLEN SCHATTEN: DIE SANIERUNG DES OSTSEEBADS HEILIGENDAMM

Der Aachener Anno August Jagdfeld steigt mit der friedlichen Revolution zu einem der größten deutschen Immobilienhändler auf. Der heute 68-Jährige rangiert Mitte der 1990er Jahre in einer Reihe mit den Baulöwen Jürgen Schneider (Leipzig) und Roland Ernst (Berlin). Seine Fundus Immobiliengruppe kauft ein Prestigeobjekt nach dem anderen. An Deutschlands ältestem Seebad Heiligendamm bei Rostock verhebt sich das Unternehmen. Jetzt versucht ein Schokoladenfabrikant sein Glück mit dem Grand Hotel der „Weißen Stadt am Meer".

Heiligendamm – Badeluxus in der DDR

1793 wird der Ort Heiligendamm vom mecklenburgischen Herzog Friedrich Franz I. gegründet und gilt bis zum Zweiten Weltkrieg als das Luxus-Seebad Deutschlands schlechthin. Man lässt sich allerlei einfallen, um die gut betuchten Badegäste zu locken: Pferderennen auf der ersten Galopprennbahn des europäischen Kontinents, Ballonflüge, festliche Bälle, Theater und Konzerte. Unter den Nationalsozialisten bekommt die weiße Stadt einen olivbraunen Tarnanstrich und wird von der deutschen Marinekommandantur genutzt. Dann übernimmt die Rote Armee das Kommando.[1]

Die DDR-Regierung überführt das Ostseebad Heiligendamm 1949 in Staatseigentum und lässt dort die Fachschule für angewandte

Kunst einrichten, wo Möbeldesigner, Innenarchitekten, Produkt- und Grafikdesigner sowie Schmuckdesigner ausgebildet werden. Die Schule bleibt bis ins Jahr 2000 bestehen und zählt in ihrer Geschichte rund 1.500 Absolventen. Seither ist sie auf dem Campus der Fachhochschule Wismar angesiedelt. In den Sommerferien sind auf dem Hochschulgelände in Heiligendamm zu DDR-Zeiten auch die Ferienlager des Ministeriums für Kultur (MfK) untergebracht. Jeweils drei Wochen am Stück genießen Kinder aus Berlin sowie aus dem sorbischen Teil Sachsens und aus der Tschechoslowakei den Strandurlaub mit sozialistischem Unterhaltungsprogramm.[2]

Die Villen am Ostsseestrand dienen als „Sanatorium für Werktätige", wie Arbeiter in der DDR heißen. Tausende kommen bis 1990 zur Kur von Lungenkrankheiten oder Schuppenflechten. Die betreuende Klinik bleibt über die Wiedervereinigung hinaus bestehen, doch 1997 zieht sie in einen Neubau um. Die Villen bleiben leer und vor allem sanierungsbedürftig.

Nach 1990 fällt das Gelände an die Treuhand, die jedoch keine Interessenten anlocken kann. 1992 übernimmt die Vermögensverwaltung des Bundes das Gelände und hofft auf attraktive Angebote für das Luxus-Seebad mit seinen weißen Villen und Kurhäusern im Stil des 19. Jahrhunderts. Doch die Interessenten bleiben weiter aus. Zwei Ausschreibungen bleiben ohne Käufer. Zu teuer, zu schlechte wirtschaftliche Aussichten, zu unrealistische Konzepte – immer steht etwas dem Verkauf entgegen.

Wie ein weißer Phönix

Die Fundus-Gruppe von Anno August Jagdfeld ist umtriebig, kauft sich nach 1990 in Erwartung eines Baubooms in Ostdeutschland ein: Das ehrwürdige Berliner Hotel Adlon wird für 450 Millionen D-Mark, in Leipzig das Messehaus, das Städtisches Kaufhaus und weitere für 300 Millionen D-Mark saniert. Insgesamt hat die Gruppe im Sommer 1995 Projekte im Wert von rund zwei Milliarden Mark im Portfolio.[3] Ein Jahr später kommt mit dem Seebad Heiligendamm ein bekanntes Objekt hinzu. Jagdfeld – durch eine doppelseitige Zeitungsannonce auf das Objekt aufmerksam geworden – lässt eigens die Entwicklungs-Compagnie Heiligendamm (ECH) gründen, die das Gelände für nur 18 Millionen D-Mark von der Bundesvermögensverwaltung kauft. Dazu gehört der gesamte historische Ortskern mit 26 Gebäuden und 520 Hektar Land. 400 Millionen D-Mark stehen – hauptsächlich aus einem von Jagdfeld aufgelegten Fonds – insgesamt für die Sanierung bereit.[4] 63 Millionen Euro, so heißt es 2003 zur Hoteleröffnung, kommen aus Mitteln der „Gemeinschaftsaufgabe Verbesserung der regionalen Wirtschaftsstruktur" hinzu, einem Topf aus Landes- und Bundesmitteln. Der steht bereits, weil die Arbeitslosenquote in der Region damals um die 20 Prozent liegt. Die Villen am Ostseestrand sollen das Geld später mehr als wieder hereinbringen.[5]

Jagdfeld verspricht zudem 240 feste neue Arbeitsplätze, Saisonarbeiter noch nicht eingerechnet – ein zugkräftiges Argument in der strukturschwachen Region. Der Tourismus gehobener Klasse mit Gästen aus Berlin, Hamburg oder Hannover soll das große Geld zurück nach Heiligendamm holen und dem Ort seine mondäne Vergangenheit wiederbringen. Und noch mehr: Internationale Gäste mit reichlich Kleingeld sind das Ziel des Investors.[6]

Jagdfeld legt sich ins Zeug, lässt zunächst die fünf historischen Gebäude des Kurhauses sanieren, aus denen die 2003 eröffnete 5-Sterne-Hotelanlage „Kempinski Grand Hotel Heiligendamm" entsteht. „Heic te laetitia invitat post balnea sanum" steht über dem Haupteingang („Nach dem gesunden Bad empfängt dich hier die Freude"). Dieses Motto soll künftig vor allem für gut betuchte Touristen gelten. Die „Weiße Stadt am Meer", wie Heiligendamm im 19. Jahrhundert genannt wird, scheint wie Phönix aus der Asche neu zu entstehen. Alle Gebäude werden inklusive der originalen Holzdecken entkernt, 15 Kilometer Außenstuck werden erneuert, 17.800 Quadratmeter Fassaden wieder zum Strahlen gebracht und 1.280 Fenster saniert. Innen strahlt hinter den schweren Kassettentüren im Stil des 19. Jahrhunderts cremefarbene Seide mit handbemalter Tapete um die Wette. In den Bädern edler italienischer Marmor und in den Schlafzimmern asiatische Teakstühle und Kissen. Dabei muss eine längere Bauzeit als geplant in Kauf genommen werden. Für Silvester 2000 ist die Eröffnung vorgesehen, der Einbau von Sprinkleranlagen und der Schwamm in den Wänden verzögern die Sanierung um zweieinhalb Jahre. Letztlich werden im Juni 2003 die 225 Zimmer auf 30.000 Quadratmeter Fläche mit Spa, Hallenbad, Golf- und Reitplatz übergeben. Der erste Teil von Jagdfelds Versprechen, die „Weiße Stadt" auferstehen zu lassen, ist erfüllt.[7]

Doch zugleich festigt sich bei den etwas mehr als 300 Anwohnern der Eindruck, dass es bei diesem Projekt um den reinen Profit der Investoren, nicht den Erhalt des historischen Ortes geht. Bei der ansässigen Bevölkerung ist Jagdfeld schlecht gelitten. Der zuständige Bad Doberaner Bürgermeister Berno Grzech hatte sich 1996 beim Verkauf noch darüber erfreut gezeigt, dass mit nur einem Investor für das gesamte Areal weniger Ärger ins Haus steht als bei einem Einzelverkauf.[8] Dass er im Irrtum ist, muss er anschließend selbst miterleben: Jagdfeld baut die Stadt in der Stadt, lässt Teile des Ortskerns für die Öffentlichkeit abriegeln. Abschnitte der öffentlichen Promenade, Zugänge zum Park „Kleiner Wohld" und der innerörtliche Teil des Europäischen Küstenrad- und Wanderwegs E 9 werden gesperrt. Einen Weg vom Bahnhof zur Seebrücke, der als Kompromiss versprochen worden war, lässt Jagdfeld nicht bauen.[9] 35 Familien müssen aus den verkauften Häusern ausziehen.[10] Im September 2002 sichert Jagdfeld zwar vertraglich die Sanierung aller Gebäude zu, die nicht zum

Hotel gehören, doch es geschieht vorerst nichts. Die 1854 erbaute Villa „Perle" wird am 11. Januar 2007 für den anstehenden G-8-Gipfel abgerissen[11] und ist erst seit 2012 wieder in ihren originalen Ausmaßen zu sehen. Die anderen sechs Villen am Strand befinden sich noch in DDR-Zustand. Die Baugenehmigungen laufen seit 2002 und werden seither immer wieder verlängert. Rund 70 Millionen Euro soll die Sanierung insgesamt kosten. Doch die ECH, der die Gebäude noch immer gehören, will eine Villa immer erst dann sanieren, wenn durch den Verkauf von Eigentumswohnungen in der vorherigen neues Geld eingegangen ist.[12]

Von den anfänglichen Plänen bleibt letztlich das Grandhotel, das ursprünglich nur den ersten Schritt darstellen soll. Eine Umgehungsstraße und 150 Villen sollen am Ortsrand neu gebaut, die Strandvillen zu Logierhäusern umgebaut werden. Das Gut Vorder Bollhagen soll bis 2010 Reitsportzentrum werden. Golfplatz, Tennisanlage, Spielcasino – all diese Träume zerplatzen in den folgenden Jahren. Die Bewohner gewinnen allerdings den Kampf um den Radweg durch das Gelände. Der Hotelkomplex bleibt für die Öffentlichkeit frei passierbar.[13]

Willkommen, Mr. President!

Gerüchte über eine finanzielle Schieflage der Fundus-Gruppe breiten sich schon 1995 im Zusammenhang mit der Sanierung des Hotels Adlon in Berlin aus.[14] Doch Jagdfeld lässt sich von Kritik nie beeindrucken. Und zusammen mit Investor und Hotelbetreiber Kempinski feiert er anfangs große Erfolge. Der Eröffnungssommer 2003 wird durch eine glückliche Fügung ein Jahr nach der Jahrhundertflut mit Rekordregenmengen zum Jahrhundertsommer mit wochenlanger Hitze über 30 Grad. Die Auslastung des Hotels liegt weit über den

Erwartungen. Auch medial rückt das Seebad in den Fokus: Erst zur Eröffnung, als deutschlandweit groß berichtet wird, dann drei Jahre später erneut, als der damalige US-amerikanische Präsident George W. Bush jr. im Juli 2006 Stralsund besucht. Er übernachtet anschließend im Grandhotel Heiligendamm. Nur knapp ein Jahr später, vom 6. bis 8. Juni 2007, kehrt er zurück. Diesmal mit den Staatschefs der

G-8-Nationen, darunter die deutsche Bundeskanzlerin Angela Merkel. Heiligendamm ist weltweit in den Schlagzeilen, das Bild von Merkel und Bush im Strandkorb geht um den Globus.[15] Kostenloses Marketing in Millionenhöhe, freut sich Jagdfeld damals – auch wenn es viel Kritik an der hermetischen Abschirmung des Geländes mit insgesamt 13 Kilometern Zäunen bis hinein in die Ostseefluten gibt. Im Krimi „Allmen und der rosa Diamant" von Schriftsteller Martin Suter wird

Weiße Stadt mit dunklen Schatten

das Hotel zum Tatort sowie zur Filmkulisse in der ARD-Serie „Mord in bester Gesellschaft".[16]

Doch der finanzielle Erfolg bleibt trotz des hohen Besuchs aus. Die oberen Zehntausend meiden das schicke Hotel-Ensemble. Schon in den Jahren rund um die politischen Übernachtungsgäste liegt die Auslastung durchschnittlich bei unter 50 Prozent. Hotelbetreiber Kempinski zieht sich 2009 aus dem Projekt zurück. Dazu wird die Geschichte der Enteignung Heiligendamms durch die Nationalsozialisten 2007 wieder ans Licht gebracht. Der Vorbesitzer, Bankier Baron von Rosenberg, und dessen Nachkommen hatten ihren Besitz schrittweise an die Nazis verloren. Nun gibt es Spekulationen über mögliche Rückforderungen der Erben. Und das kann für Jagdfeld und seine Partner teuer werden. Denn der Verkehrswert des günstig erworbenen Areals wird schon 1996 mit 500 Millionen D-Mark bemessen und liegt 2003 bereits bei rund 350 Millionen Euro.[17]

Schuldzuweisungen in der Pleite

Jagdfelds ambitionierter Plan, zahlungskräftige Gäste aus dem Ausland anzulocken, scheitert. Zwar kommen Familien aus der Nordhälfte Deutschlands wie vorhergesagt, doch reichen diese allein nicht aus, um das Haus rentabel zu füllen. Zumal der exklusive Urlaub selbst für die gehobene Mittelschicht mit 240 Euro pro Nacht im Doppelzimmer ein teures Vergnügen ist. Anfang 2012 muss Anno August Jagdfeld Insolvenz anmelden. Die Schuld daran sucht dieser aber nicht zuerst bei sich selbst. Sabotage lastet er der Kommune und Kritikern vor Ort in einem *Spiegel*-Bericht vom Februar 2012 an. „Das Image von Heiligendamm war von da an ruiniert, als das Hotel zum öffentlichen Gelände erklärt wurde", meint er und spielt auf den Streit um den öffentlichen Radweg durch das Gelände an, den er

Jahre zuvor verloren hat. „Reiche gucken" sei Volkssport gewesen. Die gut betuchten Gäste seien auf der Suche nach abgeschiedener Entspannung durch ganze Scharen von Spaziergängern und Radfahrern belagert worden.[18]

Doch die Ursachen liegen tiefer. Tatsächlich lässt die oft ablehnende Haltung des Stadtrates gegenüber Eingaben von Investoren wie Jagdfeld und anderen keine klare Ausrichtung auf ein Seeheilbad erkennen. Im Bebauungsplan für das Ortszentrum ist die Bauhöhe so geregelt, dass ein Seeblick in neuen Häusern nicht möglich ist. Stattdessen schauen Besucher selbst aus der obersten Etage auf die Düne. Auch genügend Parkplätze für die zu vermietenden Villen am Strand sind nicht vorgesehen. Die Seebrücke ist nicht schiffstauglich, ein Jachthafen nicht in Sicht. Und Neubauten innerhalb des historischen Ortskerns sind nicht klar auf ein angepasstes Äußeres reglementiert. Moderne Stahl-Glas-Bauten zwängen sich zwischen historischen Gebäuden. Ein homogenes Bild gibt das historische Bad dadurch nicht ab.[19]

Dazu kommt: Die abgeschiedene Lage macht die Verkehrsanbindung nicht optimal. Wer mehr sehen möchte als weiße Villen und Ostseestrand, muss weit fahren. Da hilft auch der Abholservice mit Limousine vom Rostocker Flughafen Laage wenig. Und die Region selbst muss mit einem altbackenen Image kämpfen. Der Vorstandschef der Kempinski AG Reto Witwer erklärt 2009, dass das Hotel nur bei vier Monaten Schließung im Winter rentabel geführt werden könne. Die Zahlen stützen diese Ansicht: Denn im Sommer sind zwar 80 Prozent der Zimmer belegt, im Winter aber nur 12 Prozent. Macht zusammen nur 44 Prozent pro Jahr, wo eigentlich 60 Prozent notwendig sind. 2010 und 2011 werden zwar mit jeweils rund 800.000 Euro Gewinn erstmals schwarze Zahlen geschrieben, doch der Wendepunkt kommt zu spät. Die Zinsen können davon nicht bedient werden.[20]

Weiße Stadt mit dunklen Schatten

Süßes Geschäft für neuen Besitzer

Im Hotel geht der Betrieb aber weiter. Die rund 300 Mitarbeiter dürfen zunächst bleiben. Insolvenzverwalter Jörg Zumbaum begibt sich auf die Suche nach einem neuen Investor. Hilfe kommt von Mecklenburg-Vorpommerns Wirtschaftsminister Harry Glawe (CDU), der in Heiligendamm ein Aushängeschild für sein vom Tourismus abhängiges Bundesland sieht und die 50 Millionen Euro Fördergeld, die bereits hineingeflossen sind, nicht abschreiben will. Die Suche nach einem Investor dauert diesmal nicht annähernd so lange wie in den 1990er-Jahren.[21]

Nur knapp eineinhalb Jahre nach der Insolvenz präsentiert Zumbaum im Juli 2013 Paul Morzynski als neuen Inhaber. Der Hannoveraner Steuerberater ist kein Unbekannter auf deutschem Wirtschaftsparkett, leitet er doch mit der Halleschen Schokoladenfabrik Halloren AG einen der bekanntesten und rentabelsten mittelständischen Betriebe in Ostdeutschland. Schokolade und Luxusherberge – wie passt das zusammen, fragen sich viele, als der Deal bekannt wird. Doch für den heute 64-jährigen Morzynski ist das Hotelgewerbe kein Neuland. Er betreibt mit der Hotelkette „Upstalsboom" bereits ein Haus in Kühlungsborn und hat sich auch für Heiligendamm einen Partner aus dem Hotelgewerbe ins Boot geholt. Er überlässt Fachliches den Fachleuten – Tim Hansen als Hoteldirektor und Patrick Weber als Geschäftsführer. Der Hotelbetrieb soll fortgeführt werden, so das Ziel. Der Kaufpreis von rund 26 Millionen Euro macht das Ganze angesichts des Verkehrswertes des Areals zu einem süßen Geschäft für den Schokoladenfabrikanten.[22]

Geld für Investitionen steht bereit. So soll das Hotel kinderfreundlicher werden, ein Außenpool gebaut und neue Teppiche und TV-Geräte installiert werden, um wieder auf heutigen Standard zu gelangen, der die Zimmerpreise rechtfertigt. Die Nummer eins in Mecklenburg-Vorpommern möchte er werden. Mehr Menschen sollen kommen und länger bleiben.[23] Dafür hat Morzynski einen günstigen Zeitpunkt erwischt: 2014 hat der innerdeutsche Tourismus seinen bisherigen Höhepunkt erreicht. Urlaub im Heimatland ist angesagt wie nie zuvor. Von der hohen Bettenauslastung in den Tourismus-metropolen profitiert auch Heiligendamm. 2014 wird ein Gewinn von mehr als einer Million Euro bekannt gegeben. 2015 soll er noch höher liegen. Ein dauerhafter Trend zum Erhalt oder gar der weiteren Sanie-rung des Seebads ist jedoch noch nicht abzusehen.[24]

Das war letztlich auch das Problem des Anno August Jagdfeld und seiner Hotelinvestitionen. Er hat sich in Heiligendamm verzockt. Der Träger des Bundesverdienstkreuzes erster Klasse (seit 1999) hat die speziellen Gegebenheiten – die Lage, die Anwohner, die Rezession im Hotelgewerbe Anfang des Jahrtausends – unterschätzt. Andererseits ist ihm die hochwertige Sanierung zugutezuhalten. Das gilt auch für das Hotel Adlon in Berlin. Doch auch dieses konnte er nicht halten, wodurch er für große Verluste bei den Anlegern sorgte.[25]

Anmerkungen

1   Berliner Zeitung (BZ), 6.7.1996, „Die weiße Stadt am Meer wird wieder nobel".
2   www.ostseebad.eu/ostseebad-heiligendamm.php, „Perlen der Ostseeküste – Heili-gendamm", abgerufen am 28.4.2015.
3   Frankfurter Allgemeine Zeitung (FAZ), 15.8.1995, „Die Immobiliengruppe Fundus dementiert angebliche Finanznöte".
4   BZ, 6.7.1996, Weiße Stadt.
5   www.brandeins.de/archiv2003/geld/entdeckung-der-langsamkeit.html, Brandeins, „Entdeckung der Langsamkeit", 2003, abgerufen am 15.3.2015.
6   BZ, 6.7.1996, Weiße Stadt.
7   Stern, 12.6.2003, „Entspannung und noch viel Meer".
8   BZ, 6.7.1996, Weiße Stadt.
9   www.ostssebad.eu, Heiligendamm.
10 BZ, 6.7.1996, Weiße Stadt.

11   www.ostssebad.eu, Heiligendamm.
12   Frankfurter Allgemeine Sonntagszeitung, 25.5.2014, „Die Außerirdischen im Grand Hotel".
13   BZ, 6.7.1996, Weiße Stadt.
14   FAZ, 15.8.1995, Finanznöte.
15   Der Spiegel, 28.2.2012, „Grand Hotel Heiligendamm: Pleitehaus am Meer".
16   Frankfurter Allgemeine Sonntagszeitung, 25.5.2014, Außerirdischen.
17   www.ostssebad.eu, Heiligendamm.
18   Der Spiegel, 28.2.2012, Pleitehaus.
19   www.zeit-am-meer.de, 2.9.2013, „Stadt blockiert Privatinvestor: Heiligendamm bekommt Strandzentrum ‚zweiter Klasse'", abgerufen am 15.3.2015.
20   Der Spiegel, 28.2.2012, Pleitehaus.
21   Ebd.
22   Die Zeit, 4.12.2013, „Grand Malaise Heiligendamm".
23   Der Tagesspiegel, 6.8.2013, „Halloren-Chefaufseher kauft Heiligendamm".
24   Hamburger Abendblatt, 30.7.2014, „Grand Hotel Heiligendamm mit Millionen-gewinn".
25   Süddeutsche Zeitung, 20.3.2014, „Spielwiese für Liebhaber".

Kapitel III

VERMINTES URLAUBSPARADIES: DER VERKAUF DER HALBINSEL WUSTROW

Unweit der „Weißen Stadt" Heiligendamm hat sich Anno August Jagdfelds Fundus-Gruppe auch große Teile der Halbinsel Wustrow gesichert. Hier war lange die Armee stationiert, die Nutzung des Geländes ist schwierig. Auch weil die Hälfte der Halbinsel ein Naturschutzpark ist. Doch Jagdfelds Pläne sind hochtrabend. Umgesetzt wird davon bis heute nichts. Der Verdacht: Ein Konkurrenz-Urlaubsparadies für Heiligendamm sollte von vornherein aus dem Rennen genommen werden.

Wustrow – abgeriegeltes Vogelparadies

Die Halbinsel Wustrow – nicht zu verwechseln mit Wustrow auf der weiter östlich gelegenen Halbinsel Darß – liegt rund 30 Kilometer westlich von Rostock nahe dem Örtchen Rerik. Sie ist mit ihren zehn Kilometern Länge und zwei Kilometern Breite rein geografisch der ideale Touristenort mit langem Badestrand und einem Blick aufs Meer von fast überall. Doch die Insel ist heute kaum bekannt, obwohl es schon seit dem 14. Jahrhundert ein Bauerngut am Meer gab. Denn sie ist schon Sperrgebiet, als gewinnbringende touristische Nutzung noch in den Kinderschuhen steckt. Schon die Nationalsozialisten nutzen sie militärisch. Sie ist dafür sehr gut geeignet, denn ein nur 60 Meter breiter Streifen verbindet sie mit dem Festland. Die Wehrmacht kauft die Halbinsel nur gut zwei Wochen nach Hitlers Machtantritt am 17. Februar 1933 und richtet einen Übungsplatz für eine Flak-Einheit ein. 72 Wohnhäuser, einstöckige Flachbauten für bis zu fünf Familien, entstehen. Hier leben Offiziere und Zivilangestellte mit ihren Frauen und Kindern in der sogenannten Gartenstadt. Davon profitiert auch Rerik, bis dahin nur Fischerdorf, heute eigenständige Gemeinde. Weiter hinten folgt ein Militärkomplex mit 314 Kasernenbauten, Werkstätten, Wirtschaftsgebäuden, einer Schwimmhalle und einem Exerzierplatz. Hitler hat den Ort schon 1932 selbst für die militärische Nutzung ausgesucht, besucht ihn 1936 allein und 1937 mit dem italienischen Machthaber Benito Mussolini nochmals. So kommen später auch italienische Rekruten auf die vorpommersche Halbinsel. Während des Zweiten Weltkrieges dient das Gelände auch als Kriegsgefangenenlager.

1945 werden alle militärischen Bauten gesprengt, sogar die Schwimmhalle, die zuvor noch von der Zivilbevölkerung mitbenutzt werden darf. Die Insel darf wieder besiedelt werden, doch schon 1949 führen die Besatzer die Halbinsel wieder ihrer vorherigen Bestimmung zu. Die rund 3.000 Sowjets bringen ebenfalls ihre Familien mit, sodass Wustrow zur ausländischen Stadt im ostdeutschen Staat wird, mit eigener Post und Schule sowie Kino, das später zum Kulturhaus wird. Hinein dürfen die Deutschen nicht, doch die Sowjets kommen oft heraus, zum Einkaufsbummel nach Rerik. Die Einheimischen gewöhnen sich an das Bild und profitieren vom Handel neben dem Handel. Zigaretten, Wodka und Benzin werden zur Tauschwährung. Dafür helfen die Soldaten – allerdings ganz offiziell – beim Schneeschaufeln im Winter. Bis zum 18. Oktober 1993 bleibt die Halbinsel Wustrow Übungsstandort einer sowjetischen Garnison, ist geheim, nur Alteingesessene wissen überhaupt von ihrer Existenz. [1]

Nach dem Abzug der Armee hoffen viele Reriker auf die Rückkehr nach Wustrow, wo einige von ihnen Grundstücke durch Enteignung verloren hatten. Doch die Hoffnung trügt. Nachdem die Gemeinde nur knapp ein Jahr Eigentümer des halben Eilands ist, geht es auf Grundlage des Vermögensrückführungsgesetzes, das jeglichen früheren Reichsbesitz umfasst, zurück an den Staat. Das Bundesfinanzministerium beginnt mit der Suche nach einem Käufer für Wustrow.[2]

Die Geisterinsel

Auch 1997 ist die Halbinsel mehr streng bewachtes Militärgelände als potenzielles Ferienparadies. Ein graues Wärterhäuschen aus DDR-Zeiten steht neben einem Schlagbaum an der Zufahrt. Das ganze Gelände ist mit Stacheldraht abgesperrt, ein Sicherheitsdienst bewacht das Eiland. Hier soll Tourismus stattfinden? Zumal die Halbinsel kaum einer kennt. Bekannt ist das Wustrow auf dem Darß, der bekannten Halbinsel zwischen Stralsund und Rostock, die zugleich begehrtes Seebad ist.

Doch das Bundesfinanzministerium will sich von diesen Handicaps nicht abschrecken lassen. Die damals 1.800 Reriker wollen eigentlich nur die Ruhe ihres Ortes bewahren und die Insel nach ihrer Übernahme von den Sowjets für Badegäste zugänglich machen. Doch der Bund will Geld sehen. Unter der Überschrift „Catch your Island" (Schnapp dir deine eigene Insel) wird Wustrow zum Verkauf angeboten. Weltweit. Mehr als 500 Interessenten gibt es damals. Drei Deutsche sind vier Jahre nach der Übernahme die verbliebenen Anwärter. Der Verkauf ist knifflig, nicht nur die Bundesanstalt für vereinigungsbedingte Sonderaufgaben (BvS), auch die angrenzende Stadt Rerik und das Land Mecklenburg-Vorpommern bestimmen bei der Vergabe mit. Man will keinen Fehler machen, nachdem in den Jahren zuvor bei der Privatisierung des Ostens so viel schiefgelaufen ist. Zumal das klamme Bundesland Erfolgsgeschichten im Tourismus braucht. Er ist seine Zukunft. Doch zugleich befürchten die Anwohner einen Aus-

Für den Gartenfreund:

Der Herbst ist die günstigste Zeit, Sträucher und Bäume mit Bedacht zurückzuschneiden...

...Umso üppiger wird alles im nächsten Jahr wieder sprießen und blühen...

verkauf ihrer Heimat – an sogenannte „Heuschrecken", Raubtierkapitalisten, die nur das schnelle Geld suchen und sich weder um Natur noch um Anwohnerbedürfnisse scheren. Kühlungsborn in der einen und Heiligendamm in der anderen Richtung sind ihnen warnende Beispiele. Obwohl der mecklenburgische Tourismus noch weit von seiner Boomzeit nach der Jahrtausendwende entfernt ist, werden immer mehr Hotels und Gästehäuser saniert oder neu gebaut – meist für eine gehobene Preisklasse, die sich der Einheimische im Urlaub kaum noch leisten kann. Rund 40 Prozent beträgt die Arbeitslosenquote Mitte der 1990er-Jahre. Dennoch kommen Urlauber gern ins ruhige und bescheidene, aber schmucke Rerik. Mehrere Hunderttausend sind es jedes Jahr.

Bis zum Sommer 1997 ist das einzige touristische Angebot auf der Halbinsel Wustrow eine Führung auf Teilen der leer gefegten Gegend. Die Kurverwaltung lädt mittwochs und am Wochenende für fünf Mark pro Besucher dazu ein. Das Angebot wird stark nachgefragt. Groß ist die Neugier auf das geheime Eiland der Sowjets. Mitten darauf steht die Geisterstadt, die sie zurückgelassen haben. Nur in der früheren Kommandantur sind noch alle Scheiben ganz.[3] Die lange Zeit abgeschottete Halbinsel hat sich zu einem Vogelparadies entwickelt. Im hinteren Teil finden sich mehr als 90 Vogelarten,[4] 25 davon sind im Rest Europas teilweise bereits ausgestorben oder stark gefährdet. Fünf Wustrower Pflanzenarten sind vom Aussterben bedroht, 62 gefährdet. Es ist ein Paradoxon moderner Geschichte, dass sich die Natur auf dem militärisch stark beanspruchten Gelände vergewaltigen lassen muss, zugleich aber eine Nische der Unberührtheit findet. So sind neben den seltenen Vögeln auch noch einige der sowjetischen Katzen und bis zu 500 Wildschweine geblieben, die sich in Kreuzung mit den russischen Hausschweinen vermehrt haben.[5]

Schäumende Träume

Als aussichtsreichster Kandidat für den Zuschlag zur Halbinsel gilt damals die schwäbische Planungs- und Baugesellschaft Archy Nova. Zusammen mit der Gesellschaft für Lebensraumentwicklung Econnis will man ein ökologisch funktionierendes und zugleich durch den Menschen nutzbares Netzwerk aus Wohnen, Arbeiten, Kunst und Landschaft errichten. Energie- und Wasserversorgung sollen autark betrieben werden. Eine autofreie Insel, die nur per solarbetriebener Fähre zu erreichen wäre, das ist der Traum von Econnis-Architekt Joachim Eble im August 1997. Auf der Halbinsel gezogene Früchte und Kartoffeln sollen gleich vor Ort in den Restaurants verarbeitet werden. Die Gartenstadtsiedlung im vorderen teil der Insel soll saniert, Neubauten nur aus ökologisch vertretbaren Rohstoffen gebaut werden. Das Naturschutzgebiet will Archy Nova belassen, wie es ist. Eine Gesundheitsinsel schwebt Eble vor. Solche Vorhaben sind schon damals nicht günstig, rund 300 Millionen D-Mark wollen die Partner investieren. Zugleich sollen 400 neue Arbeitsplätze entstehen – in einem Landwirtschaftsbetrieb, Gaststätten, Hotels und Forschungseinrichtungen sowie einer Bildungsakademie. Eine ganzjährige Nutzung und 1.000 feste Einwohner sollen so ermöglicht werden.[6]

Skeptisch sind die Reriker bei der öffentlichen Vorstellung des Konzepts dennoch, vor allem wegen der Autofrage. Doch noch skeptischer stehen sie dem größten Konkurrenten von Archy Nova und Econnis gegenüber: Anno August Jagdfelds Fundus-Gruppe, die in Heiligendamm schon kräftig baut, verheißt für viele Reriker einen Nobelbadeort, der abgesperrt und für die Einheimischen nicht mehr zugänglich sein wird. Das Fundus-Konzept erinnert jedenfalls stark an Heiligendamm: Ferienhäuser mit 400 Wohnungen, Golfplatz, Erlebnisbad und Reiterhof sind geplant. Das Autoproblem soll mit einer neuen Brücke gelöst werden. Ein Luxusgetto, unpassend für die ruhige Insel, befürchten die Anwohner.

Doch noch während der Vorstellung der Konzepte zerbricht die Einheit des Reriker Stadtrats. Der Streit über das beste Konzept treibt SPD- und CDU-Vertreter auseinander. Die Sozialdemokraten sind für das ökologische Konzept von Archy Nova, die Christdemokraten für Fundus. Letztere wollen selbst Grundstücke auf der Halbinsel erwerben und vermarkten. Das sei nur beim Fundus-Konzept möglich, weil Archy Nova einen ganzheitlichen Ansatz verfolge, so die Erklärung. Nicht einmal die angeschlossene Kläranlage Kröpelin soll für Abwasser genutzt, sondern dieses vor Ort biologisch gereinigt werden. Der Abwasserzweckverband will das verhindern.[7]

Fundus setzt sich letztlich durch, kauft die gesamte Halbinsel für 1,75 D-Mark pro Quadratmeter, insgesamt 12,5 Millionen D-Mark. Am 12. Februar 1998 wird der Deal mit der vom Bund beauftragten Treuhand Liegenschaftsgesellschaft (TLG) und der Oberfinanzdirektion Rostock geschlossen. Bei den Rerikern, die mehrheitlich für die ökologische Nutzung sind, schlägt der Verkauf hohe Wellen. Bürgermeister Wolfgang Gulbis (SPD) nennt den Verkauf in der *Frankfurter Rundschau* „skandalös", erfährt erst aus den Zeitungen davon. Man beklagt den „Ausverkauf ostdeutschen Tafelsilbers an reiche Wessis".[8] Die Gemeinde Rerik und die SPD-Landtagsfraktion wollen klagen. Der SPD-dominierte Vergabeausschuss hatte im Jahr zuvor für Archy Nova gestimmt,[9] doch die TLG lässt den Deal platzen, weil angeblich eine Finanzierung seinerzeit nicht nachgewiesen werden kann. Archy-Nova-Geschäftsführer Gerd Hansen bestreitet dies vehement, hatte er sich doch mit der Ökobank und dem Drittplatzierten des Bieterverfahrens, Lion Bau, zusammengetan, der ebenfalls eine Bankbürgschaft vorweisen konnte.

Umso überraschender die Einigung mit Fundus. Die wird den Kölner Investoren sogar mit einigen Sahnehäubchen garniert, wie der

Vermintes Urlaubsparadies

Reriker Gemeinderat durch eine Kopie des eigentlich vertraulichen Kaufvertrages herausfindet. Fundus darf die Insel sofort mit 90 Millionen D-Mark beleihen. Feste Fertigstellungstermine für die geplanten

Ferienanlagen sind ebenfalls nicht festgehalten. Fundus plant zu dieser Zeit mit dem Jahr 2005 Angebote, die Archy Nova nach eigener Aussage nicht gemacht werden. Dazu wird der Verkauf für den Bund zu einem Zuschussgeschäft. Denn für das Naturschutzgebiet, das zur Insel gehört, muss die Fundus-Gruppe zwar fünf Millionen D-Mark extra überweisen. Dafür hat sich der Staat zur Befreiung von den Altlasten auf der Halbinsel verpflichtet, und dies schlägt mit mehr als doppelt so viel zu Buche.[10]

Einmal umgraben für 12 Millionen Mark

Das schwerste Problem wird bei dem Streit um die künftige Nutzung damals zunächst kaum ins öffentliche Auge gefasst: Biologe Klaus Pfeiler, einer der Kenner der Halbinsel, der nach einer Antarktis-Expedition schon in den 1980er-Jahren auf das Militärgelände durfte, um Dias zu zeigen, legt den Finger in die Wunde: 60 Jahre Flakschießen seien eine schwere Altlast. Zwar sei immer nur seitwärts gefeuert worden, doch jeder Blindgänger ist einer zu viel. „Wir müssen jeden Hektar beräumen lassen und rechnen mit Kosten um zwölf Millionen", räumt Fundus-Projektleiter Klaus Wahrlich ein.[11] Dieses Problems entledigt man sich durch den Vertrag mit der TLG.

Was bei Anwohnern wie Naturschützern des NABU für Empörung sorgt, ist der Verkauf des Naturschutzgebietes an sich. Fundus erhält ein seltenes Vogelparadies, das für Touristen umso anziehender wirkt, quasi geschenkt, so der Tenor. Selbst das Bundesamt für Naturschutz plädiert für den Erhalt des Gebietes beim Bund zu Forschungszwecken. Stattdessen wird es privatisiert. Jagdfeld versichert dagegen, dass das Schutzgebiet unangetastet bleibt.

Das ist allerdings angesichts der geplanten Räumung von militärischen Altlasten ein Widerspruch in sich. Denn der Öffentlichkeit soll die Insel erst dann zugänglich gemacht werden, wenn sie als munitionsrein gilt. Darauf besteht der Munitionsbergungsdienst damals. Das hieße metertief graben überall dort, wo Rückstände vermutet werden. Die Brutstätten der Vögel und die gesamte, über Jahrzehnte abgeschottete Insellandschaft mit ihren Wäldern, Seen und Tümpeln sind dadurch gefährdet.[12] Doch die Natur wird jahrelang in Ruhe gelassen. Unfreiwillig.

Die Seifenblase zerplatzt

Schon kurz nach dem Verkauf argwöhnt der Reriker Bürgermeister Gulbig, Wustrow sei nur an Fundus gegangen, um Konkurrenz von Heiligendamm fernzuhalten. Diese hätte Archy Nova durchaus bieten können. Schon im Mai 1998 sieht Gulbig die Gefahr, dass jahrelang überhaupt nichts passieren werde in Wustrow. Zwei Nobelferienanlagen nebeneinander seien zu viel für seinen Küstenabschnitt. Zudem wird auch in Prora und in Bug auf Rügen zeitgleich ähnliches geplant, aber jahrelang nicht umgesetzt.[13]

Die Befürchtungen bestätigen sich. Fundus investiert viel in Heiligendamm und noch mehr ins Hotel Adlon in Berlin. Für Wustrow bleibt von den veranschlagten 350 Millionen D-Mark nichts übrig. Zwar wird – wie in Heiligendamm – mit der Entwicklungs-Compagnie Wustrow (ECW) eine Betreiberfirma gegründet. Doch jahrelang geschieht nichts. Ein Fundus-Sprecher bestätigt 2005, dass das Ferienangebot für Wustrow auf Eis liege. Biologe Klaus Pfeiler berichtet über ständig geänderte Baupläne, die von 90 auf 330 wachsende Zahl von Ferienhäusern und Luxuswohnsiedlungen. Doch außer großen Plänen wird in Wustrow nichts gemacht. 2003 lässt die Gemeinde Rerik den Verkehr auf die Halbinsel sperren, angeblich weil man sich mit dem Investor auf kein Verkehrskonzept einigen kann.[14] Das sieht ECW-Projektkoordinator Peter Sahn anders. Er berichtet, dass man mit den Arbeiten in Wustrow schon 2003 beginnen wollte, die Gemeinde die Zufahrt aber im letzten Moment versperrt habe. So können Baufahrzeuge nicht auf das Gelände. Er gibt Bürgermeister Gublis die Schuld, der nicht kooperieren wolle.

Die großen Pläne seien fertig, sagt Sahn: 180 Ferienwohnungen, 159 Einzel- und Doppelvillen, ein 27-Loch-Golfplatz und eine Anlegestelle für 240 Jachten. 250 Arbeitsplätze sollen entstehen. Die Gemeinde Rerik will dagegen verhindern, dass mehr als die verbliebenen 1.700 Einwohner gleichzeitig auf Wustrow zu Gast sind. Die Furcht vor dem Verkehrslärm im Ort auf dem Weg zur Insel ist groß. Von der geplanten Brücke als Umgehung ist längst nicht mehr die Rede. Rerik fürchtet um seinen Ruf als ruhiger Badeort und damit um die lebensnotwendigen Tourismus-Einnahmen.

Mit 2009 benennt Fundus damals ein mögliches Jahr für den Baustart, dem noch immer die Räumung der militärischen Altlasten vorausgehen muss – und die Einigung mit der Gemeinde.[15] Doch 2013 ist klar: Auch diese Pläne sind zerplatzt wie die berühmte Seifenblase. Positiv ist dies allein für das Naturschutzgebiet auf der Halbinsel, das von schweren Minensuchfahrzeugen verschont bleibt. 2013 werfen der Landkreis Rostock und die Landesstiftung Umwelt- und Naturschutz die Idee in die Runde, auf Wustrow einen vierten Nationalpark im Bundesland Mecklenburg-Vorpommern einzurichten. Sie verhandeln mit Jagdfeld über diese Lösung. Spätestens mit der Insolvenz in Heiligendamm im Jahr zuvor ist klar, dass Investitionen auf Wustrow nicht zu erwarten sind. Der frühere stellvertretende DDR-Umweltminister, Michael Succow aus Greifswald, noch 1990 erfolgreich mit der Einrichtung von DDR-Nationalparks im Küstengebiet, schlägt eine Stiftung für die Halbinsel vor. Für einen Nationalpark sei sie mit rund 1.000 Hektar viel zu klein (Mindestgröße: 10.000 Hektar), doch ein Naturschutzmonument könne sie werden. Im Rahmen der Stiftungsarbeit könnte sie für Besucher zugänglich gemacht werden, so die Idee. Die Landesregierung lehnt die Pläne damals ab.[16] Bis heute hat sich am Status quo auf der Halbinsel nichts geändert. Den Rerikern und den Tieren gefällt die Ruhe nach wie vor.

Anmerkungen

1 Frankfurter Allgemeine Zeitung (FAZ), 28.8.1997, „Alles hat seine Zeit oder Die angespannte Apathie".

2 Leipziger Volkszeitung (LVZ), 1.11.1997, „Catch your Island – aber wie?".

3 FAZ, 28.8.1997, Apathie.

4 LVZ, 1.11.1997, Island.

5 Neues Deutschland (ND), 12.7.2005, „Wilder Hund, blondes Schwein".

6 FAZ, 28.8.1997, Apathie.

7 LVZ, 1.11.1997, Island.

8 Frankfurter Rundschau (FR), 9.5.1998, „Streit um Wustrow".

9 LVZ, 1.11.1997, Island.

10 FR, 9.5.1998, Streit.

11 LVZ, 1.11.1997, Island.

12 FR, 9.5.1998, Streit.

13 Ebd.

14 ND, 12.7.2005, Hund.

15 Welt am Sonntag, 4.2.2007, „Southampton an der Ostsee".

16 Ostseezeitung, 20.8.2013, „Halbinsel Wustrow soll vierter Nationalpark im Nordosten werden".

Kapitel IV

LEGENDE ZUM SCHNÄPPCHENPREIS: VERKAUFSSKANDAL UM DAS DDR-RUNDFUNKGELÄNDE

Beim Verkauf des 13 Hektar großen ehemaligen Rundfunkgeländes der DDR in der Berliner Nalepastraße, machen die neuen Bundesländer fast alles falsch: Nachdem 14 Jahre lang kein Käufer gefunden wurde, verscherbeln sie das mit rund 30 Millionen Euro bewertete Areal samt der weltweit einmaligen Konzertsäle und Studios 2005 für nur 350.000 Euro. Der Käufer ist Baumaschinenverleiher Frank Thiele aus Sachsen-Anhalt. Sein Plan: Er teilt das Gelände auf und verkauft es in drei Schritten mit Millionengewinn weiter. Zwar landet er vor Gericht, doch bis heute steht ein endgültiges Urteil aus. Das Geld ist weg und Frank Thiele noch immer auf freiem Fuß.

Großunternehmen DDR-Rundfunk

Am 11. Juni 1950 wird der erste Spatenstich für das neue Fernsehzentrum der DDR am Adlershof in Berlin getan. Im Laufe der DDR-Geschichte wächst das Gelände auf 173.000 Quadratmeter. Dazu kommen 110.000 Quadratmeter in Johannisthal, ein Filmlager in Köpenick, ein KFZ-Park in Alt-Glienicke, ein Maschinenpark in Schönefeld und ein Gebäudekomplex für die Hauptabteilung Unterhaltung an der olympischen Ruderregattastrecke in Grünau. Der Rundfunk hat seit 1956 in der Nalepastraße in Oberschöneweide auf 165.000 Quadratmetern ein eigenes Reich mit hochwertigem Konzertsaal, Hörspiel- und

Produktionsstudios, Schneideräumen und Sendestudios für sechs Programme. Sendekomplexe stehen außerdem in Dresden, Gera, Halle, Leipzig und Karl-Marx-Stadt. Dazu kommen Bezirksstudios in den 14 Bezirkshauptstädten und eines für das sorbische Programm in Bautzen. Eigene Ferien- und Kindereinrichtungen gibt es auch. Insgesamt haben Rundfunk und Fernsehen der DDR 48 Grundstücke, auf denen 231 Gebäude stehen mit insgesamt 760.000 Quadratmetern Fläche.[1]

Das Rundfunkgelände an der Nalepastraße ist eine wahre Perle. Mit 5.000 Mitarbeitern gehört es zu den größten Arbeitgebern Berlins. Bis zu 600 Hörspiele werden hier jährlich produziert. Orchester reisen extra an, um Schallplatten aufzunehmen, weil die Akustik im großen Saal weltweit einmalig ist. Damit ist nach der Wiedervereinigung schnell Schluss.[2]

Unklar bleibt zunächst der wirkliche Verkehrswert der Grundstücke und wem sie gehören. Allein aufgrund ihrer Größe und Lage gehen Fachleute jedoch von Millionenwerten aus. Das Bundesfinanzministerium macht im August 1991 deutlich, dass Rundfunk, Fernsehen und Studiotechnik zwar Nutzer der Einrichtungen und Grundstücke sind, Eigentümer jedoch die fünf neuen Bundesländer. Ihnen obliegt es nun, den neu gewonnen Besitz zu verwalten. Ein Achtel der Fläche wird den Landesrundfunkanstalten übertragen, insgesamt 20 Liegenschaften. Nur der Sender Freies Berlin (SFB, heute: RBB) bleibt außen vor. Die Länder wollen nun aus den zehn Grundstücken mit 134 Gebäuden einen hohen Verkaufsgewinn erzielen.[3]

Verlustgeschäft in der Nalepastraße

Um die Liegenschaften in Berlin und die verbliebenen in den anderen neuen Ländern zu verkaufen oder die Gebäude zu verpachten, wird

1991 die Neue Länder Grundstücks- und Verwaltungs GmbH (NLG) gegründet. Der Adlershof wird von vornherein nicht ins Portfolio aufgenommen. Berlin will hier sein neues Medienzentrum errichten und erhält das gesamte Fernsehgelände mit 420 Hektar 1992 im Rahmen

eines Flächentausches mit dem Bund überschrieben. Um den Rest soll sich die NLG kümmern. Das Land Berlin hält 8,6 Prozent am Unternehmen, den Rest teilen sich die anderen fünf Länder. Dennoch stellt Berlin die Geschäftsführer – allerdings keine Immobilienfachleute, sondern verdiente Beamte ohne Fachkenntnisse. Dazu kommt ein Konstruktionsfehler innerhalb der NLG: Berlin hat den geringsten Anteil

Legende zum Schnäppchenpreis

am Unternehmen, zugleich aber die wertvollsten Grundstücke in Adlershof und der Nalepastraße. Der Stadtstaat hätte von einem teuren Verkauf angesichts seiner geringen Beteiligung weniger Vorteile als die anderen Länder. Da Berlin zugleich davon träumt, europaweit geachteter Medienstandort zu werden, ist die Ansiedlung von potenten Medienunternehmen größerer Anreiz als das Geld aus einem Verkauf. Während Berlin also für den richtigen Nutzer auch einen geringen Preis akzeptieren würde, wollen die anderen Länder möglichst teuer verkaufen, um Kapital aus ihren Anteilen an der NLG zu schlagen.[4]

Mit einem Startkapital von 39 Millionen D-Mark aus dem Vermögen des DDR-Rundfunks – zur Verfügung gestellt vom Rundfunkbeauftragten der neuen Bundesländer, Rudolf Mühlfenzl (1919–2000) – zur Verwaltung und Unterhaltung der Grundstücke macht sich die NLG 1991 an die Arbeit. Viele Grundstücke finden schnell einen Käufer, vor allem die Ferienlager sind begehrt. Doch der Verkauf des Rundfunkgeländes in Berlin kommt nicht so recht in Gang.[5] Stattdessen muss ein Großteil des Kapitals für laufende Kosten, Wachdienste und Reparaturen aufgewendet werden. In der Nalepastraße macht die Firma pro Monat 150.000 Euro Verlust.[6]

Die NLG ist ursprünglich nur für zwei Jahre konzipiert. Da sie ihre Aufgabe weitgehend erfüllt hat, wird zu Jahresbeginn 1995 mit der Liquidierung des Unternehmens begonnen.[7] Erst jetzt wird dem Berliner Senat unter Eberhard Diepgen (CDU) bewusst, dass in der Nalepastraße noch das Prunkstück Rundfunkgelände unverwertet brach liegt. Man besteht auf dem Verkauf.[8] Dietrich Fischer, pensionierter Jurist der Berliner Kulturverwaltung, übernimmt im Frühjahr 1996 den Posten des Liquidators. Eigentlich eine kurze Rückkehr ins Berufsleben, heißt es damals, doch Fischer bleibt gezwungenermaßen zehn Jahre im Amt. Mit fünf von ehemals 25 Mitarbeitern soll er das Rundfunkgelände an den Mann bringen. Doch das erweist sich weiterhin als schwierig.[9]

Zwar werden Säle und Studios immer wieder vermietet, aber nur zeitweise und ohne die Aussicht auf eine Übernahme. Diese wäre mit einer teuren Sanierung der denkmalgeschützten Gebäude verbunden. Sony und Philips nutzen die Einrichtungen in den 1990er-Jahren für Plattenaufnahmen. Auch Klaus-Peter Beyer, damals Intendant des Deutschen Filmorchesters Babelsberg, bucht sich ab und an ein. Doch kaufen möchte niemand. Zu weit abgelegen, kein attraktives Umfeld, lauten weitere Argumente.[10] Die Musikhochschule „Hanns Eisler", die Schauspielschule „Ernst Busch" die Berlinische Galerie und das Landesarchiv werden von der NLG offensiv angesprochen, doch keine der Institutionen will einziehen.[11]

Außerdem kann Fischer nicht alle Zeit und Kraft in die Vermarktung des Areals stecken. Er muss sich ab 1996 regelmäßig mit dem Finanzamt Berlin-Köpenick befassen. Das sieht den Kapitalstock der NLG als Vorauszahlung an, für die 16 Prozent Umsatzsteuer zu entrichten seien.[12] Mit Zinsen sind das umgerechnet sechs Millionen Euro. Es kommt zum Prozess, der sich bis ins Jahr 2004 hinzieht. Dem Finanzamt wird Recht gegeben. Doch die NLG kann die Steuernachzahlung nicht aufbringen. Allein die Kosten für die Nalepastraße haben das Unternehmen seines Grundkapitals beraubt.[13] Da helfen auch die 26 Millionen Euro Verwertungseinnahmen aus Verkäufen anderer Grundstücke nicht. Davon sind 17 Millionen Euro an die Länder zurückgeflossen. Der Rest versickert in den Ausgaben der NLG. Die Tageszeitung *Die Welt* erhebt 2006 sogar den Vorwurf, die verbliebenen NLG-Mitarbeiter hätten sich beim Verkauf des Rundfunkgeländes nicht besonders angestrengt, um ihren gut bezahlten Job so lange wie möglich zu behalten.[14]

Fischer stellt einen Insolvenzantrag. Am 1. Mai 2004 wird das Verfahren eröffnet. Für die Länder wird aus dem jahrelangen Verlustgeschäft NLG eine Katastrophe. Zwar hatte es eine einmalige Ausschüttung durch Fischer aus dem Verkauf einzelner Grundstücke gegeben, doch die ständigen Zuschüsse für laufende Kosten lassen einen Profit nicht zu. Die Länder warten den Abschluss des Verfahrens nicht ab. Sie kündigen kurz nacheinander den Verwertungs- und den Verwaltungsauftrag an die NLG. Am 1. Juni beauftragen die fünf Flächenländer stattdessen das Liegenschafts- und Immobilienmanagement Sachsen-Anhalt (LIMSA). Das Unternehmen soll einen schnellen Verkauf der defizitären Liegenschaften erreichen. Doch die LIMSA übernimmt dies nicht selbst. Stattdessen beauftragt sie – wohl auch aus räumlicher Nähe – die Mediacity Adlershof GmbH Berlin damit. Handlungsbevollmächtigter der Mediacity ist allerdings jener Dietrich Fischer, der zuvor acht Jahre als Liquidator der NLG vorsaß. Sein Geschäftsfeld verändert sich also kaum.

Es tritt ein Investor auf, der eine Million Euro für das Gelände zahlen will. Die LIMSA stimmt zu, ein Teilbetrag wird gezahlt, der Grundbucheintrag vorbereitet. Doch das Land Berlin stellt sich quer und tritt das notwendige Wegerecht nicht ab, woraufhin der Investor sein Angebot zurückzieht. Ein Mieter des Grundstücks bietet 350.000 Euro, doch die LIMSA lehnt das Angebot als zu niedrig ab.

Die Länder verlieren die Geduld. 2005 droht eine Dachreparatur für 350.000 Euro an einem der Gebäude. Die LIMSA soll nun so schnell es geht verkaufen. Lieber die Kosten loswerden und mit Verlust abstoßen, so die Devise. Mit der Bau und Praktik GmbH aus Jessen in Sachsen-Anhalt wird ein Käufer gefunden, der nun doch nur die im Jahr zuvor noch abgelehnten 350.000 Euro zahlen muss. Dabei hat das Unternehmen – ein Baumaschinenverleiher – keinerlei Erfahrung mit derlei Immobilien. Im Kaufvertrag hält Dietrich Fischer zumindest fest, dass ein Medienzentrum auf dem Gelände entwickelt werden muss. Die denkmalgeschützten Gebäude sollen saniert und für Musikproduktionen hergerichtet werden. Für Berlin steht dies im Vordergrund und Fischer hatte diesen Grundsatz über die Jahre auch bei der NLG vertreten. Umgerechnet auf die Größe des Geländes werden damit 165.000 Quadratmeter Industrie- und Bauland in Berlin für zwei Euro pro Quadratmeter abgegeben.[15] Dabei stellen Fachleute wenig später fest, dass das Gelände rund 30 Millionen Euro wert ist. Thieles Rabatt liegt bei fast 99 Prozent.[16]

Schnelles Geschäft für einen Baumaschinenverleiher

Der überhastete Vertragsabschluss erweist sich für die Länder schnell als noch größere Katastrophe als die Verluste mit der NLG. Denn Frank Thiele, Geschäftsführer der Bau und Praktik, hat keineswegs vor, das Rundfunkgelände zum Medienzentrum auszubauen. Thiele verdient sein Geld mit dem Verleih von Baumaschinen. Und mehr als Geld zu verdienen hat er mit diesem Geschäft nicht im Sinn. Um den Inhalt des Kaufvertrags schert er sich wenig: Er hat einen notariell beglaubigten Vermarktungsvertrag mit einem früheren Kaufinteressenten für das Grundstück vorliegen. Der widerspricht der Medienzentrums-Klausel im Kaufvertrag, den derselbe Notar später ohne Bedenken beurkundet hatte. Damit ist Thiele diesen Zwang los.[17] Auch eine Spekulationsfrist fehlt im Vertrag, die einen schnellen Verkauf ausschließen oder eine hohe Beteiligung am Weiterverkauf ermöglichen würde.[18] Thiele ist das nur zu bewusst. Er kennt den hohen Wert des riesigen Geländes und hat nur ein Ziel: Möglichst schnell möglichst viel Gewinn beim Weiterverkauf zu erzielen.

Dass Thiele diese Absichten von Beginn an verfolgt, zeigt sein Verhalten schon kurz nach Vertragsunterzeichnung. Am 1. Dezember 2005 werden die Rechnungen für die Bewirtschaftungskosten auf dem gesamten Gelände fällig. Bei mehr als 100 Mietern belaufen sich diese auf 150.000 Euro monatlich. Thiele zahlt nicht. Stattdessen muss die LIMSA einspringen, um die Verträge mit den Lieferanten einzuhalten und die Mieter mitten im Winter nicht im Dunkeln frieren zu lassen.

Direkte Folgen hat das für Frank Thiele nicht, denn er hat keine Zeit vergeudet, seinen Plan umzusetzen. Er teilt das Gelände an der Nalepastraße in drei Verkaufsgrundstücke. Das größte mit 43.000 Quadratmetern und den Rundfunkgebäuden hat er noch im November 2005 an die noch in der Gründung befindliche Nalepa Projekt GmbH verkauft.[19] Das Unternehmen wiederum gehört auf dem Papier mehrheitlich einer Briefkastenfirma im US-Bundesstaat Montana.[20] Ein Kaufpreis wird mit Nalepa-Geschäftsführer Andreas Walther nicht vereinbart, wodurch Thieles Firma Bau und Praktik kein Geld dafür erhält. Thiele verhindert so, dass die LIMSA nachträglich Geld aus seinem Unternehmen holen kann. Walther ist extra von Thiele als Geschäftsführer eingesetzt worden und handelt in seinem Sinne.

Schon am 30. Januar 2006 verkauft Thiele das zweite Grundstück an seinen Sohn Nico Thiele und dessen Firma Spreedevelopment GmbH. 520.000 Euro lässt er offiziell dafür bezahlen. Das dritte Areal direkt an der Spree ist mit Öl kontaminiert, weil einst die DDR-Minol dort einen Umschlagplatz für Rohöl betrieben hatte. Thiele verkauft es ebenfalls 2006 an die Riverside AG – eine eigens dafür gegründete Aktiengesellschaft, wiederum ohne einen Kaufpreis zu vereinbaren. Wenig später verkauft er privat die Anteile an seiner Bau und Praktik GmbH, um sich den Verwicklungen zu entziehen.

Was Thiele von vornherein kalkuliert hat, tritt ein: Im Sommer 2006 klagt die LIMSA das Geld für die Bewirtschaftungskosten bei Bau und Praktik ein. Doch der Prozess zieht sich über ein Jahr hin. Inzwischen wird mit den drei Grundstücken an der Nalepastraße großes Geld verdient. Die Nalepa Projekt GmbH, an die der größte Teil zuerst gegangen war, bietet das Areal mit den Rundfunkstudios im Sommer 2006 auf einer Auktion an. Ein iranischer Arzt will zunächst für vier

Millionen Euro kaufen, doch er bringt das Geld nicht auf.[21] Stattdessen übernimmt ein israelischer Geschäftsmann mit seiner Firma Keshet das Gelände für 3,9 Millionen Euro,[22] die sofort fließen – und für die LIMSA und die Länder unerreichbar bleiben. Der Israeli übernimmt die Bewirtschaftung im Herbst 2006. Außer kleinen Reparaturen lässt er jedoch nichts verändern. Ein Medienzentrum entsteht nach wie vor nicht.[23] Stattdessen sollen Musik, Kultur und Gastronomie verstärkt einziehen. Bis auf 160 Mieter bringt es der neue Investor.[24]

Das Spreegrundstück mit dem ölverseuchten Boden will die Passagierschiff-Reederei Riedel aus Berlin kaufen, die einen Hafen für ihre Schiffe sucht. Für das Hafenbecken soll die kontaminierte Erde abgetragen und abtransportiert werden. Allerdings will die Reederei das Kontaminationsrisiko nicht übernehmen. Um mit dem Verkauf nochmals groß Kasse zu machen, kauft Frank Thiele das Spreegrundstück kurz vor dem Deal mit Riedel im Namen einer anderen ihm gehörenden Firma von der Riverside AG zurück, um es für zwei Millionen Euro sofort an die Reederei weiterzureichen. Das Geld hat Thiele so vor Ansprüchen der Länder gerettet. Später bleibt der Berliner Senat auf den Kosten für die Dekontaminierung sitzen. Zumindest der Hafen wird von Riedel gebaut.

Auch das Grundstück, das Nico Thiele mit seiner Spreedevelopment GmbH gekauft hat, findet einen neuen Besitzer. Für eine Million Euro wird es weiterverkauft. Und nicht nur das: Nico Thieles Firma klagt gegen die Länder, weil ihm mögliche Kontaminierungen des Areals vorenthalten worden seien. Er will, dass sie als ursprüngliche Verkäufer die Schadensersatzpflicht für den Fall der Fälle übernehmen. Das Kammergericht Berlin weist dies zwar ab, doch die Revision zieht sich bis ins Jahr 2014 hin. So lange ist Nico Thiele vor Ansprüchen seiner Käufer sicher. Nicht jedoch vor den Strafverfahren der Länder gegen ihn und seinen Vater.[25]

Weg durch die Gerichte dauert an

Der Berliner Rechtsanwalt Bernd Szittnick wird von den Ländern 2006 als neuer Liquidator für die verbliebenen Grundstücke eingesetzt. Er soll auch deren Ansprüche durchsetzen. Er führt für sie das Verfahren gegen Frank Thieles frühere Firma Bau und Praktik GmbH. Weil schnell klar wird, dass wegen Thieles Winkelzügen dort kein Geld zu holen ist, verklagt Szittnick Thiele persönlich. Außerdem leitet die Staatsanwaltschaft Strafverfahren gegen Nico Thiele und Andreas Walther ein.[26]

Doch durch die Ermittlungen gelangen viele der beschriebenen Vorgänge auch ans Licht der Öffentlichkeit. Heftige Kritik an Landespolitikern wird laut, besonders im gemessen an der Einwohnerzahl am höchsten verschuldeten Bundesland Sachsen-Anhalt. Angelika Klein, damals Vorsitzende des Finanzausschusses im Magdeburger Landtag, muss zugeben, dass „wir alle nicht durchgeblickt haben, was hier geschah".[27] Der Rechnungshof von Sachsen-Anhalt resümiert über den Verkauf: „Im höchsten Maße unprofessionell, nachlässig und leichtfertig." Er nennt die Kaufsumme „unverständlich" und prangert an, dass die Bonität des Käufers nicht geprüft wurde: Thiele hatte demnach nie die geforderte Kreditwürdigkeit von einer Million Euro nachweisen müssen.[28]

Am 28. Februar 2007 setzen Staatsanwälte und Kriminalpolizei zur Großrazzia an. In Berlin, Brandenburg, Sachsen-Anhalt und Niedersachsen werden in 26 Orten Gebäude durchsucht. In der Nalepastraße sind es allein 135 Beamte, mehrere Wirtschaftsreferenten und zwei Staatsanwälte, die morgens um sechs Uhr vor dem Tor zum Rundfunkgelände stehen.[29] Die Vorwürfe sind umfassend. Erst im Juni 2010 ist die Anklageschrift fertig. Weil durch dieses langsame Verfahren die Schadenersatzansprüche der Länder zu verjähren drohen, klagen sie

Thiele schon vor Beginn des Strafprozesses auf zivilgerichtlichem Wege an.

Auch das anschließende Strafverfahren nimmt viel Zeit in Anspruch. Am 13. April 2011 spricht das Landgericht Berlin Andreas Walther schuldig. Er wird wegen Insolvenzverschleppung zu vier Jahren Haft verurteilt. Frank Thiele bekommt zwei Jahre und neun Monate Gefängnis. Nico Thiele kommt gegen ein Bußgeld von 20.000 Euro auf freien Fuß. In Freiheit befindet sich auch noch Frank Thiele. Der legt gegen sein Urteil Berufung ein. Der Bundesgerichtshof verweist allerdings das Verfahren zurück an eine andere Wirtschaftsstrafkammer des Landgerichts Berlins. Diese hat bis heute noch keinen neuen Termin für die Verhandlung festgelegt.

Im Zivilprozess müssen sich die Länder in erster und zweiter Instanz geschlagen geben, da beim Urteil im März 2013 noch kein Ende des Strafprozesses erreicht ist. Inzwischen haben sie einem Vergleich zugestimmt. Frank Thiele selbst erklärt sich mittellos und soll nur so viel zahlen, dass die Kosten des Zivilverfahrens dadurch gedeckt werden können.

Die Ausgaben für die Länder bleiben dennoch. Die Umsatzsteuerforderung des Finanzamtes Berlin von 1996 wird vom Bundesfinanzhof als unrechtmäßig widerrufen. Das Land Berlin muss die Steuern samt Zinsen an die Länder zurückzahlen. So bekommen sie als Gläubiger ihr Geld zurück. Allerdings müssen dadurch alle Jahresabschlüsse neu errechnet werden. Erst 2013 liegt der Schlussbericht des Insolvenzverwalters vor. Die Kosten dafür sowie für das Revisionsverfahren tragen die Länder selbst.

Heute ist Berlin mit Millionenverlust an einem Punkt angekommen, an dem es 1991 ohne dieses Debakel schon hätte sein können. Die fünf Flächenländer des Ostens sind damals bereit, die gut 16 Hektar Land an Berlin zu verschenken, wenn es dafür die Haftung für den mit Öl kontaminierten Boden übernimmt (Ewigkeitshaftung). Dadurch hätte die Stadt das Gelände im eigenen Sinne vermarkten können. Nun hat es die Ewigkeitshaftung für den Boden trotzdem übernehmen müssen, dafür aber keinen einzigen Euro daran verdient.[30] Die in den Medien immer wieder geäußerte Vermutung, dass sich der Berliner Senat nur auf das Areal in Adlershof konzentriert und die Nalepastraße völlig ignoriert habe, wird durch Frank Thiele selbst erhärtet: „Die Verantwortlichen dafür waren die neuen Länder, die sich für das Gelände überhaupt nicht interessiert haben", sagt er noch während der Ermittlungen.[31]

Auch die anderen Länder stehen nicht besser da. Sie haben mehr als zehn Jahre lang für die Bewirtschaftung des Areals an der Nalepastraße gezahlt, um es dann für einen lächerlich anmutenden Preis zu verkaufen. Mehr als diesen Erlös mussten sie anschließend allerdings investieren, um weiterhin die Bewirtschaftung zu übernehmen. Die Ausgaben für Liquidator, Insolvenzverwalter und Gerichtskosten kommen noch dazu. Frank Thiele dagegen hat mit dem Grundstück Millionen verdient und ist trotz aller Verwicklungen bis heute weitgehend unbehelligt geblieben und wartet in Freiheit auf den Fortgang des Verfahrens.[32]

Anmerkungen

1   Ernst Dohlus: „In der Grauzone – Wie der Staatsrundfunk der DDR aufgelöst wurde: Was geschah mit dem Geld und den Grundstücken?" in: Deutschland Archiv, 27.10.2014, Bundeszentrale für politische Bildung (bpb), Link: www.bpb.de/193800, abgerufen am 23.4.2015.
2   Tagesspiegel, 18.1.2001, „Funkstille im alten Funkhaus".
3   Dohlus 2014.
4   Ebd.
5   Die Welt, 4.2.2004, „Gute Akustik allein lockt keine Investoren an".

6   Dohlus 2014.
7   Die Welt, 4.2.2004, Akustik.
8   Die Welt, 24.7.2006, „Skandal um Verkauf des einstigen DDR-Rundfunkgeländes".
9   Dohlus 2014.
10 Tagesspiegel, 18.1.2001, Funkstille.
11 Die Welt, 4.2.2004, Akustik.
12 Die Welt, 24.7.2006, Skandal.
13 Dohlus 2014.
14 Die Welt, 24.7.2006, Skandal.
15 Dohlus 2014.
16 Die Welt, 24.7.2006, Skandal.
17 Dohlus 2014.
18 Die Welt, 24.7.2006, Skandal.
19 Dohlus 2014.
20 Die Welt 1.3.2007, „Großrazzia: Polizei durchsucht früheres Funkhaus Nalepastraße".
21 Dohlus 2014.
22 Berliner Zeitung (BZ), 2.12.2010, „Ominöser Verkauf des DDR-Rundfunkgeländes".
23 Dohlus 2014.
24 BZ, 2.12.2010, Ominöser.
25 Dohlus 2014.
26 Ebd.
27 Die Welt, 24.7.2006, Skandal.
28 Mitteldeutsche Zeitung (MZ), 1.12.2010, „Umstrittenes Schnäppchen".
29 Die Welt, 1.3.2007, Großrazzia.
30 Dohlus 2014.
31 BZ, 2.12.2010, Ominöser.
32 Dohlus 2014.

Kapitel V

ÄPFEL GESUCHT, GURKEN GEFUNDEN: DIE RETTUNG DER SPREEWALDGURKE

Konrad Linkenheil bezeichnet sich selbst als Macher ohne Schlips und Kragen. Der Rheinländer hat im südbrandenburgischen Golßen zugleich etwas aufgebaut und erhalten. Er kam wie so viele westdeutsche Unternehmer nach der Wiedervereinigung in den Osten Deutschlands, um sein Geschäft zu erweitern. Er ist geblieben – als einer der wenigen von damals. Apfelplantagen suchte er für sein Obstkonservengeschäft. Gefunden hat er ein ostdeutsches Original: die Spreewaldgurke – heute Marktführer beim sauer eingelegten Gemüse.

Der VEB Spreewaldkonserve Golßen

Vierzehn Betriebe umfasst das Kombinat in Golßen beim Mauerfall 1989. Schon seit dem 18. Jahrhundert werden hier in der Region Gurken angebaut, die dank des feuchten Bodens nahe der unzähligen Flüsse und Kanäle besonders gut wachsen. Flämische Tuchmacher hatten die Gurkensamen einst in den Spreewald gebracht. In der DDR ist der VEB Spreewaldkonserve Golßen für sie zuständig. Eingelegt und gekocht wird alles, was auf den Feldern wächst, neben der Spreewaldgurke vor allem Äpfel zu Apfelmus, aber auch Spargel, Rotkohl und Weißkraut. Weil Konservierungsmöglichkeiten und getrocknete Gewürze fehlen, legt die 182 Frauen und Männer starke Belegschaft der Gurkenverarbeitung das grüne Gemüse mit frischen Zwiebeln, Dill und Thymian ein, so wie sie auf den Feldern wachsen – das Erfolgsgeheimnis der Spreewaldgurke, die das Glas mit dem grünen Etikett zur Bückware macht. Doch nicht nur deswegen. Es gibt schlichtweg zu wenige Gurken in der Region. Etwa 7.000 Tonnen können pro Saison verarbeitet werden, denn Gurkenproduktion ist zu DDR-Zeiten im Spreewald ein Nebenerwerb. Normale Arbeiter und Angestellte bauen die Gurken auf ihren Grundstücken und in Gärten an und verkaufen sie für bis zu vier Ostmark pro Kilo an den VEB weiter.[1] Am 1. Juli 1990 wird aus dem Kombinat heraus die Spreewaldkonserve Golßen GmbH gegründet, die im Jahr darauf von Konrad Linkenheil erworben wird.[2]

Störche halten fest

Konrad Linkenheil wächst mit der Konservenproduktion auf. 1892 gründet sein Großvater in Mönchengladbach eine Firma zu Verarbeitung von Fisch, Obst und Gemüse in Konserven. Mit dem Vater gründet er 1969 kurz vor dessen Renteneintritt ein neues Unternehmen in Wegberg im Rheinland, das sich nun völlig auf Obstkonserven spezialisiert. Da ist Linkenheil erst 16 und lernt die Arbeit eines mittelständischen Betriebs mitsamt Produktion, Vertrieb und Marketing von der Pike auf, studiert zudem Lebensmitteltechnologie und übernimmt den Betrieb 1978. Bis zur friedlichen Revolution im Herbst 1989 ist sein Familienunternehmen, das er mit Schwester Karin Seidel führt, gewachsen und bereit für den plötzlich brach liegenden ostdeutschen Markt. Schon kurz nach dem Mauerfall reist er erstmals in die DDR. Im Laufe des Jahres 1990 hält er auf Einladung der Gesellschaft für Lebensmitteltechnologie Vorträge über Lebensmittelverarbeitung. So lernt er einige Betriebe im Osten kennen.

Die Idee, seinen Obstbetrieb um sauer eingelegtes Gemüse zu erweitern, ist zu dieser Zeit noch nicht geboren. Linkenheil sucht Obstplantagen und testet auf der Suche nach dem richtigen Ostbetrieb einige VEBs mit Lohnaufträgen, um zu sehen, wie gut und wie schnell diese arbeiten. Der Tipp eines befreundeten Maschinen-händlers bringt ihn auf einer seiner Ostreisen 1990 nach Golßen. Die flache Landschaft mit jeder Menge Störchen auf den Feldern be-eindruckt den Mann, der nach eigenem Bekunden Störche bis dato nur von Bildern kannte. Mit dem Geschäftsführer des VEB-Nachfol-gebetriebs vereinbart er nach bekanntem Muster einen Auftrag zur Lohnproduktion unter seinem Namen. Doch Linkenheil und seine Schwester sind schnell überzeugt von Produkt und Mitarbeitern und beginnen fast zeitgleich mit den Verhandlungen mit der Treuhandan-stalt zum Kauf des Betriebs. Während viele Betriebe damals zuguns-ten einer schnellen Privatisierung verramscht werden, verhandelt die Treuhand im Fall der Spreewaldgurke knallhart. Linkenheil muss sein Angebot nachbessern, bezahlt schließlich einen mittleren ein-stelligen DM-Millionenbetrag für den Betrieb. Ab 1. August 1991 ist er offiziell Eigentümer. Sein Verhandlungspartner damals habe ihm als Hauptgrund für den hohen Preis genannt, dass die Belegschaft äußerst leidensfähig sei, also auf die schwankenden Arbeitszeiten eines saisonal produzierenden Betriebs eingestellt, erzählt Linken-heil rückblickend. Das ist neu für den Rheinländer, der aus der heimi-schen Produktion nur Probleme mit der Einführung flexibler Arbeits-zeiten kennt. Acht Stunden sind dort gesetzt, Überstunden während der Ernte- und Verarbeitungsphase werden extra gezahlt. Anders in Golßen: Hier arbeiten die Beschäftigten im Sommer und Herbst mehr, dafür im Winter und Frühjahr weniger und behalten so ihre Jobs und eine regelmäßige Bezahlung.[3]

Daneben überzeugt Linkenheil die Erfahrung der Belegschaft mit dem Produkt. Denn der Obstfabrikant selbst hat keine Ahnung von der Gurkenverarbeitung, sieht in Golßen das erste Mal eine derartige Fab-rik von innen. Die Spreewaldgurke hat in der DDR riesigen Erfolg, also gibt der neue Chef ein altes Leitmotiv heraus: Bloß keine Rezeptu-

Äpfel gesucht, Gurken gefunden

ren ändern! Nur schneller soll die Produktion gehen, um mehr frische Ware herzustellen. So fahren weiterhin Lkws voller frischem Dill auf den Betriebshof, während anderswo mit getrockneten Gewürzen aus Lagerhaltung gearbeitet wird. Ein großes Problem ist jedoch die Gur-

ke selbst. Die nebenerwerbliche Produktion, die zu DDR-Zeiten noch 7.000 Tonnen Gurken gebracht hatte, bricht nach dem Preisverfall auf 85 Pfennig pro Kilo fast völlig ein. Als Konrad Linkenheil 1991 mit der Produktion startet, stehen jeden Tag „Hunderte Trabis Schlange. Jeder hatte zwei Sack Gurken aus dem Schrebergarten im Kofferraum. Und einen Strauß Dill", wie er sich später erinnert.[4] Mehr Gurken gibt es nicht. Für über eine Million D-Mark lässt er Gurken in den Spree-wald liefern – kein Dauerzustand für den Unternehmer. Linkenheil tingelt durch die LPGs bzw. ihre Nachfolge-Agrargenossenschaften, um für den Gurkenanbau in der Region zu werben – und erhält eine Abfuhr nach der anderen. Zwar ist die Getreideproduktion auf den sandigen Böden der Region an sich nicht ertragreich, doch wird sie hoch subventioniert. Bei den Gurken könne nur etwas mehr als die Hälfte des Ertrages in Westdeutschland erzielt werden, meinen viele Bauern und lehnen ab. Linkenheil wirbt daraufhin den besten Gurkenbauern des Rheinlandes vom damaligen Marktführer Kühne ab. Er gibt ihm 50 Hektar Anbaufläche und bekommt 1994 die erste Ernte von 3.200 Tonnen Gurken. Das bringt den Stein für den Gurkenanbau in der Spreewälder Region ins Rollen. Wo bis 1993 nur 1.000 Tonnen jährlich geerntet werden, sind es 2001 satte 25.000 Tonnen.

Der Unterschied liegt im Detail

Und Linkenheil ist schnell klar, woran es neben den Produktionsbedingungen noch hapert. „Die Ostbetriebe konnten gute Produkte machen, nur sie wussten nicht, sie abzusetzen", urteilt er zehn Jahre nach Beginn seines Ost-Abenteuers.[5] Verarbeitende Betriebe wie die Spreewaldkonserve haben es nach der Wiedervereinigung schwer. Sie müssen eine Marke aufbauen, um sich gegen die topvermarktete Konkurrenz aus dem Westen durchzusetzen. Während die aus den LPGs hervorgehenden Agrargenossenschaften mit gutem Gerät auf riesigen Flächen staatlich subventioniertes Getreide anbauen und ohne große Werbung weiterverkaufen können, müssen die verarbeitenden Betriebe ohne große Mittel auf ihre Produkte aufmerksam machen. Ein ohne Investor von außen kaum zu lösendes Problem. Zumal die Nachfrage nach Ost-Erzeugnissen wie Spreewaldgurke, Nudossi oder Leckermäulchen bis 1992 fast völlig zum Erliegen kommt. Zu bunt, neu und aufregend erscheinen die Westprodukte den Ostdeutschen. Doch das Geld steckt in Markenprodukten, ist Linkenheil sicher. Und seine Marke Spreewaldhof baut er mit geschickter und wenig kost-spieliger Werbung auf. „Wenn man nach München kommt, isst man eine Weißwurst und trinkt ein Bier. Und wer hierher kommt, kriegt eine Gurke in den Mund geschoben", so sein Motto.

Die neu erwachte Lust der Ostdeutschen an ihren eigenen Produkten führt zu einem Umschwenken bei den Lebensmittel-Discountern. Ostprodukte zu führen, gehört ab 1992 unbedingt dazu. Die Spreewaldgurke profitiert vom neuen Absatzmarkt. Und Linkenheil befeuert den Verkauf mit seinen Werbeideen. Er sorgt immer wieder für Gesprächsstoff in der Presse und lässt einen Film über sein Unternehmen drehen. Bei Fernsehproduktionen über die Region Spreewald platziert er sein Produkt als Bestandteil der Landschaft. Das lockt Touristen, für die Linkenheil Planwagenfahrten durch die Gurkenfelder mit anschließender Betriebsbesichtigung organisiert. Er schafft damit ein Bewusstsein für ein qualitativ hochwertiges Markenprodukt. Denn welche Arbeit wirklich hinter der Frische-Produktion steckt, ahnt kaum einer der Konsumenten. So lässt er seine Gurken bei Kahnfahrten für Touristen anbieten. Mit eigenen Pferdegespannen gelingt ein besonderer Clou: Die Karren werden mit Gurkenfässern beladen, auf denen Damen stehen, die in klassischen Spreewälder Trachten die sauren Gurken verteilen. Das Detail macht den Unterschied: Die Trachten werden nach Vorlagen auf alten Fotos und Postkarten extra neu hergestellt. Ein frisches Marketingkonzept verschafft der biederen sauren Gurke ein fröhlich-witziges Image. „Meine Gurke hat Vorfahrt" steht auf den Liefer-Lkws und „Unsere Grünen haben Biss" nimmt die Partei Bündnis90/Die Grünen aufs Korn.

So erfahren die Golßener Gurken und Konkurrenzprodukte aus dem Spreewald einen steigenden Absatz in den Supermärkten. Doch nicht überall, wo Spreewaldgurke draufsteht, ist auch eine Spreewaldgurke drin. Für Konrad Linkenheil und die gesamte Gurkenregion beginnt ein Kampf um die Marke Spreewaldgurke. Als glücklicher

Umstand stellt sich schnell heraus, dass der vormalige Geschäftsführer des VEB den Begriff Spreewaldhof 1990 hatte rechtlich schützen lassen. Linkenheil greift dies auf und lässt für den Spreewaldhof im heimischen Rheinland eine Markenidentität entwickeln, die seine Produkte vom Rest der Konkurrenz im Spreewald abhebt. Er schafft es außerdem, alle Gurkenproduzenten aus der Region an einen Tisch zu holen. Sie finden sich im Spreewaldverein wieder, der Interessen der Wirtschaft vor Ort vertritt. Einerseits soll das Preisniveau aller im Spreewald verarbeiteter Gurken gleich hoch gehalten werden und die Rahmenrezepturen auf hohem Niveau bleiben. Nur so lässt sich das Markenprodukt erhalten. Doch noch wichtiger wird die juristische Einheit der Produzenten: Gemeinsam soll der Begriff „Spreewaldgurke" zur geschützten Marke werden. Denn der Erfolg der ostdeutschen Gurken bringt schnell Marketingexperten anderer Unternehmen auf die Idee, mit dem Spreewald zu werben. „Spreewälder Gurkentopf" erscheint als Name auf einem Etikett, obwohl die Gurken als osteuropäischer Import im Glas landeten. Dagegen wehrt sich der Spreewaldverein erfolgreich. Doch die neuen Etiketten sind nicht viel besser. „Nach Spreewälder Art" heißt es nun auf vielen Produkten, die ganz woanders hergestellt werden. Die Grenze des deutschen Markenrechts ist erreicht. Und weil die Nachahmer ihre Produkte zu extrem niedrigen Preisen verkaufen, gerät der Markenwert der Spreewaldgurke in Gefahr.

Einen Ausweg bietet das europäische Recht: Seit 1992 gibt es die geschützte geografische Angabe, wonach Produkte, die mit einer Region in Verbindung gebracht werden, auch zum Großteil dort hergestellt werden müssen. Champagner und Parmaschinken fielen bereits unter dieses Recht, und so meldete der Verein Spreewälder Gurke und Spreewälder Meerrettich als Marken an.[6] Am 18. März 1999 erkennt die EU-Kommission den Schutz beider Marken an.[7] Etiketten mit den Aufdrucken „nach Art von" oder „so gut schmeckend wie" sind von nun an illegal. Der letzte Rechtsstreit darüber dauert bis 2003. Zugleich werden die hohen Produktionsstandards festgeschrieben. Die Gurken müssen zu mindestens 71 Prozent im Spreewald angebaut und zu 100 Prozent dort verarbeitet werden. Die Rahmenrezepturen erlauben keinen Süßstoff statt Zucker und die Gewürze müssen frisch zugesetzt werden. Der Essigsäuregehalt muss unter einem Prozent liegen. Dadurch entsteht automatisch ein höherer Preis – ein Nachteil, den die Spreewälder aber gern in Kauf nehmen.[8]

Spreewaldgurke und Co. heute

Noch zu Beginn des neuen Jahrtausends fliegt Konrad Linkenheil wöchentlich zwischen seinem ersten Wohnort Düsseldorf und dem heute 3.000 Einwohner fassenden Golßen hin und her. Jedes Wochenende verbringt er in der Heimat, die Woche meist in Brandenburg. Dennoch wird er von den Einheimischen oft als Spreewälder bezeichnet – eine Anerkennung seines Einsatzes. Denn neben dem Kaufpreis hat Linkenheil über die Jahre rund 90 Millionen Euro in die Modernisierung des Betriebs gesteckt.[9] Dadurch behielt ein Großteil der Belegschaft ihren Job. 2001 war noch ein Drittel der Beschäftigten aus der DDR-Zeit im Betrieb. Von den vormals 182 Mitarbeitern übernimmt Linkenheil zu Anfang 72. Ein Vierteljahrhundert später sind schon wieder 170 Beschäftigte im Betrieb – fast ausschließlich Ostdeutsche, wie Linkenheil damals betont. Dass sie das ganze Jahr über Beschäftigung haben, liegt auch an der zweiten Produktionsschiene, die Linkenheil einführt. Als Obstfabrikant sorgt er außerhalb der Gurkensaison für Auslastung durch die Herstellung von Apfelmus, gezuckerten Preiselbeeren, Pflaumen, Kirschen und anderen Sorten. „Lausitzer Gold" heißt die Marke, unter der hier das Obst vertrieben wird. Und kaum einer weiß, dass sie aus denselben Anlagen stammen, in denen auch die Gurken verarbeitet werden. Nur eine Stunde dauere es, von Gurke auf Kirsche umzustellen, erklärte Linkenheil.

Die Gurkenzeit macht nur ein Drittel des Jahres aus. 16.000 Tonnen werden jährlich verarbeitet. 280 Saisonarbeitskräfte kommen dann dazu – einige aus Polen, der Großteil jedoch sind Deutsche. Weil sie mit Ernte und Verarbeitung aber sieben bis acht Monate beschäftigt sind, können sie dennoch das ganze Jahr von der Saison leben. Der Spreewaldhof von Konrad Linkenheil ist Marktführer der deutschen Gurkenproduzenten. Der Gesamtumsatz des Unternehmens übersprang 2012 die 100-Millionen-Euro-Marke. Es werden 30 Produkte und 14 Gurkenarten angeboten. Die Spreewaldgurke als Marke aller dort produzierenden Betriebe liegt mit Abstand auf Rang eins. Sein ursprüngliches Unternehmen in Mönchengladbach hat Linkenheil im Jahr 2000 aufgegeben und zum Teil nach Golßen verlagert.[10] Heute ist er der größte Arbeitgeber in Südbrandenburg – eine Erfolgsgeschichte für die Menschen in der Region, den Wald und das ostdeutsche Premiumprodukt Spreewaldgurke, nach dem man sich heute nicht mehr bücken muss.

Anmerkungen

1   Tanja Busse: Melken und gemolken werden: Die ostdeutsche Landwirtschaft nach der Wende, Berlin 2001, S. 150 ff.
2   www.spreewaldhof.de/unsere-geschichte.html, abgerufen am 28.4.2015.
3   blog.abendblatt.de, 22.7.2013, „Die Gurke ist kompliziert", abgerufen am 28.4.2015.
4   Busse 2001, S. 161.
5   Ebd., S. 154.
6   Ebd., S. 159 f.
7   Gartenbauprofi 10/2009, 12.10.2009, „Wo kommt die Spreewaldgurke her? – Informationsfahrt der Bundesfachgruppe Gemüsebau", www.gb-profi.de, abgerufen am 28.4.2015.
8   Busse 2001, S. 160 f.
9   Welt am Sonntag, 19.10.2003, „Die Gurken-Truppe".
10 blog.abendblatt.de, 22.7.2013, Kompliziert.

Kapitel VI

854 MILLIONEN D-MARK IM VULKAN VERBRANNT: DIE ÜBERNAHME DER OSTDEUTSCHEN WERFTEN

„Vulkan" heißt das Bremer Schiffbau-Unternehmen, das 1992 einen Großteil der DDR-Werftindustrie übernimmt. Was drei Jahre später übrig bleibt, ist tatsächlich nur noch Asche. 854 Millionen D-Mark hat die Europäische Union zur Förderung des Wiederaufbaus im Osten dazugeschossen. Doch anstatt in den Werften in Wismar und Stralsund sowie im Dieselmotorenwerk Rostock landet das Geld in den westlichen Firmenteilen. Im Bremer Vulkan hatte es schon vor dem Kauf gebrodelt – die Übernahme der Ostbetriebe entpuppt sich als schneller Weg, um Fördermillionen einzustreichen. Der Konzern geht wenig später bankrott. Heute kämpfen die ostdeutschen Werften noch immer ums Überleben.

DDR-Schiffbau in Stralsund, Wismar und Rostock

Im April 1945 fliehen die Gebrüder Kröger, Eigner der Kröger-Werft in Stralsund, vor der Roten Armee. Sie nehmen alle Produktionseinrichtungen und schwimmfähigen Schiffe mit. Die Sowjetische Militäradministration in Deutschland (SMAD) beschließt nach Kriegsende, deren Werft sowie weitere Schiffbaubetriebe in Stralsund zu übernehmen. Die Hansestadt Stralsund erhält 90 Prozent der Anteile und beginnt 1946 mit dem Wiederaufbau der Werften. 1948 werden alle Rückgabeansprüche der Krögers durch das Enteignungsgesetz zur Sicherung des Friedens abgeschmettert. Der Betrieb geht endgültig in Volkseigentum über und wird am 15. Juni 1948 in VEB Volkswerft Stralsund umbenannt. Mehrere Produktionshallen werden gebaut und der Nachwuchs für die Belegschaft aus dem Nichts komplett selbst ausgebildet. Die Sowjetunion wird Hauptabnehmer für Fischfangschiffe, die zum Produktionsschwerpunkt werden. Ab 1956 wird auch ins westliche Ausland geliefert. 1967 läuft das eintausendste Schiff der Volkswerft vom Stapel. 1973 wird die lange Zeit das Stadtbild am Strelasund dominierende Produktionshalle mit 32 Metern Höhe, 148 Metern Länge und 78 Metern Breite in Betrieb genommen. Seit 1. Januar 1979 gehört die Werft zum Kombinat Schiffbau Rostock. Die Entwicklung und der Bau von großen Fischfangschiffen gehört zum Besten, was die DDR zu bieten hat. Der Londoner Lloyd, eine Schiffbau-Klassifikationsgesellschaft, führt die Volkswerft 1985 auf Platz eins des weltweiten Fischereischiffbaus. Nach dem Mauerfall in Berlin bricht der Absatzmarkt im Osten weg. Ein Großauftrag über 45 Trawler kann von der Sowjetunion nicht mehr gedeckt werden. Am 1. Juni 1990 wird das Unternehmen als Tochtergesellschaft der Deutschen Maschinen- und Schiffbau AG Rostock in die Volkswerft Stralsund GmbH umgewandelt. Die Treuhand ist der alleinige Besitzer. Weil Auftraggeber selbst für fertiggestellte Schiffe nicht mehr zahlen können, muss die Produktion erheblich zurückgefahren werden. Tausende Mitarbeiter verlieren nach 1990 ihren Job. Die Treuhand sucht dringend einen zukunftsträchtigen Investor.[1]

Einen anderen Werdegang nimmt der Standort Wismar. Hier wird 1946 durch die Rote Armee ein Schiffsreparaturwerk gegründet, das 1947 an die Landesverwaltung übergeht. Zusammen mit der früheren Hanse Werft, der enteigneten Bootswerft Schröder & Schackow und dem Gelände der Hafenschmiede wird es 1951 zum VEB Mathias-Thesen-Werft Wismar (MTW) in Gedenken an den 1944 im Konzentrationslager Sachsenhausen ermordeten Kommunisten Mathias Thesen. Auch hier werden Schiffe für den Fischfang, aber auch für die Handelsflotte der DDR, der Sowjetunion und anderer Seenationen gefertigt. 1979 treffen sich Stralsund und Wismar im neuen Schiffbaukombinat Rostock. Zum selben Termin wie die Volkswerft wird nach dem Mauerfall auch Wismar umgewandelt – in die Mathias-Thesen-Werft GmbH. Wenig später erfolgt eine weitere Umbenennung in Meerestechnik Wismar GmbH – die Abkürzung MTW bleibt.[2]

Das Dieselmotorenwerk Rostock (DMR) geht 1949 aus der Windkraftwerke und Maschinenbau (WIMA) hervor und wird zu einem der wichtigsten Zulieferer der DDR-Schiffbauindustrie. Die Umwandlung in eine GmbH unter gleichem Namen geht ebenso vonstatten wie in den Werften Stralsund und Rostock. Die Treuhand will den alten Verbund des Schiffbau-Kombinats erhalten.[3]

Die älteste Geschichte der Werftbetriebe hat jedoch die Neptun-Werft in Rostock. Schon 1850 gegründet, gehört sie zu DDR-Zeiten als VEB Schiffswerft Neptun mit 7.000 Mitarbeitern zu den größten Schiffbauern. Die Produktion ist vielfältig: Frachtschiffe, Fischlogger, Hebeschiffe, Feuerlöschboote, Fähren, Schlepper, Eisenbahnfährschiffe, Forschungsschiffe, Schwimmkräne und Containerfrachter gehören zum Repertoire der Werft, die den Stammsitz des 1979 gegründeten Schiffbau-Kombinats bildet. Nach dem Mauerfall ist es für die Treuhand schwer, die Neptun-Werft zu verkaufen. Zwar ist sie jetzt eine GmbH, doch wegen EU-Auflagen muss sie ab 1991 den Schiffsneubau einstellen, was den Betrieb für Investoren unattraktiv macht. Stattdessen konzentriert man sich auf Reparaturarbeiten und andere Produktion schwimmfähigen Geräts.[4]

Der Schlüssel zur Welt

Hamburg behauptet von sich, das Tor der Welt zu sein, so wie es das Stadtwappen ausdrückt. Das kleinere Bremen setzt immer dagegen, den Schlüssel dazu zu besitzen, wie seinerseits im Wappen zu sehen. Diesen Schlüssel zur Welt und zum Weltmarkt erhoffen sich die ostdeutschen Werftarbeiter 1992, als die Bremer Vulkan Verbund AG (BVV) die MTW und das DMR sowie 1993 die Volkswerft Stralsund (VWS) und die Rostocker Neptun-Werft übernimmt. Der erste große gesamtdeutsche Konzern scheint zu entstehen. An der Spitze: Vulkan-Chef Friedrich Hennemann. Der erkennt schnell die Möglichkeiten der Privatisierung im Osten. Unerfahren und völlig unterbesetzt verkauft die Treuhandanstalt Betriebe im Akkord für zum Teil aberwitzig geringe Summen. Für den Kauf der drei Schiffbaubetriebe gibt es sogar rund 1,5 Milliarden D-Mark an Beihilfen dazu.[5] Inoffiziell soll es laut *Spiegel*-Recherchen sogar noch eine Milliarde Euro mehr gewesen sein, um Altaufträge aus DDR-Zeiten auszugleichen.[6] Und die Treuhand kontrolliert interessierte Käufer oft nur unzureichend. Die BVV hat einen guten Ruf, innen ist der Konzern allerdings schon zu dieser Zeit marode. Was eine vernünftige Wirtschaftsprüfung zutage gefördert hätte, bleibt so verborgen. Der Vulkan schluckt die Ostbetriebe und nimmt die zusätzlichen Fördermittel der EU gleich mit. Zwar wird das Treuhandgeld zum Teil im Osten investiert. Der von Hennemann zugesicherte Eigenanteil in gleicher Höhe wird aber nie aufgebracht. Zudem fließen rund 854 Millionen Mark EU-Fördergeld nicht wie festgeschrieben in die Werften in Mecklenburg-Vorpommern, sondern in die Kasse der Konzernmutter, die ihre Verbindlichkeiten kaum noch decken kann.[7]

Ignorierte Warnungen aus Ost und West

Hennemann hat für die Bremer Vulkan Verbund AG eine entscheidende Regelung im sogenannten Cash-Management getroffen: Für Geld, das sich der Mutterkonzern von seinen Tochtergesellschaften leiht, zu denen nun auch Wismar, Stralsund und Rostock gehören, stellt dieser keine Sicherheiten und vor allem keine Rückzahlungsverpflichtung. Alle Tochterfirmen müssen jeden Abend sämtliche Barmittel auf ein zentrales Konto des Stammunternehmens abführen. Eine Haftung besteht nur von Tochter- zu Muttergesellschaft, nicht umgekehrt – ein Freifahrtschein, um die zugekauften Ostbetriebe ausbluten zu lassen. Die Treuhand-Nachfolgeorganisation, die Bundesanstalt für vereinigungsbedingte Sonderaufgaben (BvS), will von der Umleitung des Geldes innerhalb des Vulkan nichts gewusst haben. Der verantwortliche Direktor für Vertragsmanagement bei der BvS, Dirk Groß-

Blotekamp, beteuert 1996, erst durch ein kurz zuvor beauftragtes Wirtschaftsprüfungsunternehmen von der Veruntreuung der Fördermittel erfahren zu haben, und gibt sich als hinterrücks Betrogener.

Das sieht Walther Huschke, früherer Justitiar der Rostocker Hanse Schiffs- und Maschinenbau GmbH, ganz anders. In Rostock sitzt die ostdeutsche Vulkan-Zentrale bis Mitte 1994. Huschke durchschaut die unlauteren Vorgänge und gibt in einer eidesstattlichen Erklärung zu Protokoll, Groß-Blotekamp schon im Dezember 1993 über die „Verwendung von liquiden, für die MTW Schiffswerft in Wismar zur Verfügung gestellten Treuhandgelder zur Finanzierung von Verlusten in BVV-Unternehmen im Westen" informiert zu haben. Im März 1995 fährt er nochmals zu Groß-Blotekamp, diesmal sogar mit genaueren Zahlen: Bis zu einer halben Milliarde Mark, die eigentlich für die Betriebe im Osten gedacht war, sei zur Deckung von Verlusten in die westlichen Betriebe des Vulkan geflossen. Die Gespräche streitet der BvS-Direktor nicht ab, beruft sich aber auf fehlende Beweise. Diese zu erbringen, versucht Groß-Blotekamp aber auch nicht. Auch in Bonn oder in der Landesverwaltung Mecklenburg-Vorpommern in Schwerin geschieht nichts, obwohl es sogar Informationen über unrechtmäßige Vorgänge direkt von der Quelle aus gibt.

Manfred Timmermann ist bis 1993 ein führender Vulkan-Manager. Er gerät mit Hennemann in Streit über die Ausrichtung des Konzerns und kündigt seinen Vorstandsposten im Oktober 1993. Timmermann setzt ein Kündigungsschreiben an den damaligen Vulkan-Aufsichtsratsvorsitzenden Walter Behrmann auf. Darin äußert er klar seine Bedenken, dass bis auf das EU-Fördergeld kaum noch Geld im Vulkan-Konzern steckt. Er weist außerdem auf seine Sorge hin, dass die Fördermittel im Westen zum Einsatz kommen könnten, ohne dass es Garantien für eine Nutzung im Osten gibt.[8] Später wird er vor dem Untersuchungsausschuss „Veruntreutes DDR-Vermögen" feststellen, dass er als früherer Staatssekretär in der Bonner Regierung auch führende Politiker wie den Mecklenburg-Vorpommerschen Ministerpräsidenten Bernd Seite (CDU), die Bonner Umweltministerin und CDU-Vorsitzende in Mecklenburg-Vorpommern Angela Merkel und Treuhandpräsidentin Birgit Breuel persönlich warnte, ohne Erfolg.[9] Im Juni 1998 kommt der Bundestags-Untersuchungsausschuss „DDR-Vermögen" zu dem Ergebnis, dass das Scheitern der Privatisierung nicht in der Gestaltung der Verträge oder einer unzulänglichen Kontrolle seine Ursache habe, sondern in der „verfehlten Unternehmenspolitik und den vielfältigen Täuschungshandlungen der Verantwortlichen" des Vulkan. Dagegen gibt es von SPD und Grünen auch schwere Vorwürfe gegen die Treuhand. Diese habe es versäumt, in den Verträgen zur Übernahme festzuschreiben, dass das Geld zum Aufbau allein im Osten verbleiben muss und nicht innerhalb des Konzerns nach Belieben verschoben werden darf.[10]

Überlebenskampf dauert an

Im Februar 1996 ist die Vulkan Verbund AG pleite. Der Bund hat insgesamt 6,1 Milliarden Mark in die Standortsicherung der ostdeutschen Werften gesteckt. 480 Millionen Mark wollte die Bremer Vulkan AG investieren. Stattdessen floss alles Geld zur Sanierung der ostdeutschen Werften aus öffentlichen Mitteln.[11] Für die drei ehemaligen DDR-Betriebe in Stralsund, Wismar und Rostock beginnt der Kampf ums Überleben von Neuem. Sie sind nun eigenständige Betriebe mit zusammen 6.500 Beschäftigten, die zu 51 Prozent der BvS und zu 49 Prozent dem Land Mecklenburg-Vorpommern gehören.[12] Das Dieselmotorenwerk Rostock muss 1999 in die Insolvenz und wird zum Teil an den Kieler Motorenhersteller MaK, der zum US-Unternehmen Caterpillar Motoren gehört, verkauft.[13] 2000 wird er in Caterpillar Motoren Rostock GmbH umbenannt. Heute sind noch rund 100 Mitarbeiter dort beschäftigt.

Das Werk gehört zu den modernsten Europas.[14] Der Rest-Betrieb hält sich bis Mai 2013 als DMR-Produktionsgesellschaft, dann folgt die Insolvenz, die mit dem Ausverkauf der Produktionsmittel endet.[15] Besser läuft es wenige Kilometer entfernt in der Neptun-Werft: Wegen der EU-Beschränkungen zum Schiffsneubau eigentlich gehandicapt, wird das Unternehmen 1997 von der Meyer-Werft-Unternehmensgruppe übernommen und baut auf neuem Betriebsgelände am Fluss Warnow bei Rostock seit 2001 auch wieder Schiffe – allerdings für Flusskreuzfahrten. Damit wird eine Ausnahme der EU-Beschränkung genutzt. Rund 500 Mitarbeiter sind heute noch dort beschäftigt.[16]

Wechselhafter ist die Geschichte der beiden Werften in Wismar und Stralsund. Investitionen in die Wettbewerbsfähigkeit wie die neue, 300 Meter lange Schiffbauhalle der Volkswerft Stralsund stehen nach dem Vulkan-Aus 1996 auf der Kippe. Im April 1996 ist das mit 600 Millionen D-Mark veranschlagte Projekt noch nicht einmal zur Hälfte fertig und die sicher geglaubte Geldquelle versiegt. Die Bundesregierung, allen voran Finanzminister Theo Waigel (CSU), weigert sich, die durch ihre BvS mitverschuldete Notlage allein aus der Staatskasse zu bereinigen. Das Geld ist knapp, Arbeitslosenzahlen und Neuverschuldung des wiedervereinigten Deutschlands hoch. Auch die Rückgabe der Betriebe an den Staat lehnt Waigel ab. Er befürchtet, einen Präzedenzfall zu schaffen. Viele von der Treuhand einst mit hohen Erwartungen an Privatinvestoren verkaufte Unternehmen stehen vor dem Bankrott. Eine Rettung wäre kaum zu bezahlen.[17] Die EU könnte erneut Fördermittel bereitstellen, um alle Werften zu retten, doch die Skepsis nach der Veruntreuung im Vulkan ist groß. Bei der Privatisierung der DDR-Wirtschaft hilft man in Brüssel lange ohne zu zögern, zahlt selbst Milliarden und setzt Beihilfe-Regelungen außer Kraft, sodass die Treuhand riesige Subventionen an verkaufte Betriebe geben kann. Doch nun regiert Zurückhaltung bei der EU.[18]

Die Bundesregierung und die BvS versuchen daher alles, um das Problem durch die Schließung einer der Werften zu lösen. Der Standort Stralsund steht auf der Kippe, soll ganz von der Werften-Landkarte verschwinden. Das soll der EU in Brüssel zeigen, dass man bereit ist, Opfer zu bringen, um an weitere Fördermittel zu gelangen. Finanzminister Waigel spielt auf Zeit, bietet dem klammen Land Mecklenburg-Vorpommern an, die Hälfte der Kosten einer Rettung zu übernehmen, wenn es die andere Hälfte selbst trägt. Was man in Bonn einkalkuliert: In der Schweriner Landeszentrale streiten Ministerpräsident Seite und sein Stellvertreter Harald Ringstorff (SPD) um die Landesfinanzen. Seite ist für Waigels Plan, Ringstorff dagegen. Eine Einigung kommt nicht zustande. Währenddessen wird die Situation in Stralsund immer prekärer. Eine Schließung des Standorts befeuert die BvS durch einen erwarteten Verlust allein für die Stralsunder Werft von 400 Millionen D-Mark bis zum Jahr 1998. Zwar wird an kleineren Containerschiffen in den alten Anlagen gebaut, doch seien diese Aufträge von vornherein mit Verlust angenommen worden, um die Werft auszulasten. Trotz ähnlicher Voraussetzungen wird für die Wismarer Werft jedoch nur mit 120 Millionen Euro Verlust im selben Zeitraum kalkuliert. Die Absicht wird deutlich: Stralsund wird so schlechtgerechnet, dass die Schließung zwangsläufig wird.

Die Stralsunder Werftarbeiter wehren sich, sperren Anfang April in einem ersten Warnstreik den Rügendamm, damals die einzige Straßenverbindung der Insel zum Festland. Sie wollen, dass ihre neue Produktionshalle fertiggestellt wird. Nur eine Stunde dauert die Blockade, doch kilometerlange Staus sind die Folge. Sie wissen um die Bedeutung der Fährhäfen Saßnitz und Mukran auf Rügen – wichtige Transportverbindungen nach Schweden, Litauen und Finnland. Der Betriebsrat und Volkswerft-Geschäftsführer Hartmuth Rausch verhindern eine radikalere Idee der Arbeiter: Sie wollen die Rügenbrücke hochklappen, dazwischen ein Schiff auf Grund setzen und dadurch den Skandinavien-Handel bis auf Weiteres zum Erliegen bringen. Der Druck hilft: Überall glühen die Telefonleitungen. Der Stralsunder Bürgermeister Harald Lastovka ruft im Bundeskanzleramt an, warnt vor den Folgen: 23 Millionen D-Mark würde allein ein vorübergehender Baustopp in Stralsund kosten. Die damalige CDU-Landesvorsitzende Angela Merkel engagiert sich für ihren Wahlkreis Stralsund, ruft beim Wirtschaftssekretär für den Aufbau Ost an. Im Regierungskabinett findet die Hilfe für die Volkswerft schließlich eine Mehrheit. Dringend benötigte 53 Millionen Euro werden für den Weiterbau ausgezahlt.[19]

Heute ist die große Produktionshalle in Stralsund von der neuen Rügenbrücke aus schon von Weitem zu sehen. Doch dauerhaften Erfolg hat auch sie nicht gebracht. Noch 1996 wird ein insgesamt 500 Millionen Euro schweres Paket geschnürt, um Stralsund und Wismar wettbewerbsfähig zu machen. Der Haken: Die EU erlaubt die Subventionen nur unter der Bedingung, dass bis zum Jahr 2005 vorgegebene Planzahlen nicht überschritten werden. Wird diese Produktionsbeschränkung nicht eingehalten, müssen Fördermittel zurückgezahlt werden – ein Wettbewerbsnachteil für die großen Werften, die so nie ihre volle Auslastung erreichen können. Einige Anlagen werden sogar absichtlich so klein gehalten, dass Arbeiten wie das Anstreichen der Schiffe länger dauern als notwendig. Nach Ende der Produktionsbeschränkung ein weiterer Nachteil.

Dennoch werden die Auftragsbücher schnell voller. 1998 kauft die norwegische Aker Yards die Mehrheitsanteile der Wismarer Werft für gut 40 Millionen Euro – ein Schnäppchen. Sie ist auch Mehrheitseigner der Rostocker Werft, die vom Staat für rund 625 Millionen Euro modernisiert worden ist. Aker Yards wird später von der koreanischen STX übernommen, die auch in Stralsund einsteigt. 1998 hatte die dänische Firma A. P. Møller-Mærsk die Mehrheitsanteile in Stralsund für rund 25 Millionen D-Mark übernommen und kräftig in die

Modernisierung des Werkes sowie die Zufahrt für Großschiffe investiert. 2007 übernimmt die Hegemann-Gruppe die Volkswerft.

Der anfängliche Erfolg wird durch eine falsche Ausrichtung wieder gestoppt. Der Bau von Containerschiffen wird angestrebt, doch damit ist wenig Geld zu verdienen. Eine gewinnbringende Spezialisierung auf Gastanker oder Eisbrecher wird nur halbherzig vorangetrieben. Erst 2009 wird die Umstellung vollzogen. Zudem kommt der neue Anteilseigner STX versprochenen Aufträgen von vier Containerschiffen nicht nach. Der teure Stahlpreis sorgt 2006 und 2007 für zweistellige Millionenverluste allein in Stralsund. 2008 keimt bei den insgesamt 2.300 Mitarbeitern wieder Hoffnung auf. Der russische Investor Andrei Burlakow (FLC West) übernimmt 70 Prozent der Firmenanteile an beiden Werften. Die Hoffnung ist groß, nun wieder Schiffe für den ehemaligen „großen Bruder" bauen zu können. Doch die Aufträge bleiben aus. Das Land Mecklenburg-Vorpommern schießt noch einmal 60 Millionen Euro zu, damit die Werften sich halten können, bis der damals gespannte staatliche Rettungsschirm für bedrohte Großbetriebe in der Wirtschaftskrise greift. 167 Millionen Euro von einem darunter gewährten KfW-Förderkredit werden abgerufen, doch es nützt nichts. 2009 melden die Werften in Stralsund und Wismar Konkurs an. Der Steuerzahler zahlt die Rechnung weiter. Bis zum Konkurs wird ein Subventionsaufwand von 500.000 Euro pro Arbeitsplatz betrieben.[20]

Im Sommer 2009 übernimmt die russische Unternehmensgruppe Nordic Yards die Werft in Wismar für 40 Millionen Euro und führt sie mit rund 700 Mitarbeitern weiter – etwa die Hälfte der zuvor dort Beschäftigten. Dazu kommt die Werft Warnemünde. Neben Tankschiffen werden hier nun Plattformen zur Offshore-Windenergiegewinnung gebaut.[21]

Anderer Weg, gleiches Ziel: Im Juni 2010 finden sich die Volkswerft Stralsund und die Peene-Werft Wolgast in der P+S Werften GmbH im Verbund wieder, die allerdings schon im August 2012 Konkurs anmelden muss. Am 1. Juni 2014 übernimmt Nordic Yards, das nur noch fünf Millionen Euro zahlt, die Volkswerft und führt sie wieder mit Wismar zusammen. Auch hier stehen nun Offshore-Windenergieanlagen im Vordergrund. Der Name Volkswerft ist verschwunden. Stattdessen heißt die Werft nun Nordic und beschäftigt nur noch rund 250 Mitarbeiter, deren Zahl bis 2017 auf 500 steigen soll – wenn das Projekt Erfolg hat.[22] Heute sind in den drei Nordic-Werften Stralsund, Wismar und Warnemünde zusammen rund 1.400 Mitarbeiter beschäftigt.[23] Ein kleiner, aber teuer erkaufter Sieg für die Wirtschaft im Nordosten Deutschlands.

Anmerkungen

1 www.german-shipbuilding.com, 12.1.2010, Geschichtlicher Abriss: VEB Volkswerft Stralsund, abgerufen am 29.4.2015.
2 www.german-shipbuilding.com, Geschichtlicher Abriss: VEB Matthias-Thesen-Werft Wismar, abgerufen am 29.4.2015.
3 www.iscar.de, Maschine + Werkzeug, Juni 2012, „Prozesssicher bei tiefen Kavitäten", S. 32, abgerufen am 29.4.2015.
4 www.horcom.de/Neptunwerft.html, abgerufen am 29.4.2015.
5 Die Welt, 2.10.2010, „Wende in den Ruin".
6 Der Spiegel, 13.5.1996, „Rache für den Vulkan".
7 Der Spiegel, 18.3.1996, „Mit einem Bein"
8 Ebd.
9 Frankfurter Rundschau (FR), 29.4.1997, „Vulkan – der teuerste Fehlschlag im Osten".
10 Handelsblatt, 16.6.1998, „Die Stunde der Betrüger".
11 Frankfurter Allgemeine Zeitung (FAZ), 24.2.1996, „Wismar und Stralsund warten auf Einlösung der Investitionszusagen".
12 FAZ, 9.11.1996, „Ostsee-Werften kosten eine weitere Milliarde".
13 Der Tagesspiegel, 11.2.2000, „100 neue Jobs im Dieselmotorenwerk Mecklenburg-Vorpommern".
14 Kieler Nachrichten, 8.5.2014, „Motorenfertigung wird eingestellt"; Norddeutsche Neueste Nachrichten, 9.4.2015, „Caterpillar forscht zu neuen Gasmotoren".
15 Schweriner Volkszeitung, 1.4.2014, „Ausverkauf im Motorenwerk".
16 www.neptunwerft.de/de/werft/unternehmensgeschichte/unternehmensgeschichte _1.jsp, „Über 160 Jahre Firmengeschichte", abgerufen am 29.4.2015.
17 Der Spiegel, 1.4.1996, „Dünnes Rückgrat".

18 Der Spiegel, 13.5.1996, Rache.
19 Der Spiegel, 1.4.1996, Rückgrat.
20 Neue Zürcher Zeitung (NZZ), 16.6.2009, „Ostdeutsche Werften trotz Staatshilfen insolvent".
21 Hamburger Abendblatt, 24.12.2009, „Nordic Yards in Wismar – Letzte Hoffnung Moskau".
22 Handelsblatt, 27.5.2014, „Nordic wird neuer Eigner von P+S-Werft".
23 Ostseezeitung, 16.4.2015, „Neuer Nordic-Yards-Chef".

Kapitel VII

AUS HO WIRD TENGELMANN: DER KAUF DER HANDELSORGANISATION

Im Sommer 1990 findet Discount-Riese Tengelmann im mecklenburgischen Schwerin einen Zugang zum Ostmarkt: 150 frühere HO-Kaufhallen stehen im Bezirk Schwerin zum Verkauf. Nur 19 gehen auf den freien Markt, den Rest bekommt Tengelmann für seine Kaiser's-Supermärkte auf einen Schlag. Die Schweriner HO-Direktorin Ingrid Nysalk fädelt den Deal ein. Für sie springt ein lukrativer Job bei Tengelmann heraus. Dafür kann Kaiser's in Schwerin die Preise bestimmen – die Konkurrenz von Aldi, Rewe und Co. hat das Nachsehen. In Thüringen lässt HO-Chef Alfred Pfennig Discount-Riese Edeka exklusiv in den Landkreis Artern (heute: Kyffhäuserkreis). Und Rewe kauft sich in Potsdam ein. Die Gegenmaßnahmen der Treuhand kommen zu spät.

HO – die Lebensmittelverteiler

Die Handelsorganisation (HO) wird am 3. November 1948 in der Sowjetischen Besatzungszone (SBZ) gegründet, um den Ostdeutschen lang entbehrte Lebensmittel und Güter des täglichen Bedarfs anzubieten. Die Waren kosten mehr als handelsüblich, sind aber legal zu haben, wodurch die DDR-Führung den Schwarzmarkt einzudämmen versucht.[1] Bis 1950 entstehen bereits 2.300 Filialen, 1960 sind es rund 35.000. Die DDR-Führung verleiht der HO als staatlicher Organisation das Monopol für den freien Verkauf rationierter Waren. Zugleich schadet sie damit gewollt dem privaten Einzelhandel so sehr, dass viele Unternehmer aufgeben und ihre Läden an sie verkaufen. Nachdem die Lebensmittelmarken 1958 abgeschafft sind, wird die HO steuerlich begünstigt, sodass weitere Einzelhändler aufgeben. Bis 1982 sinkt die Beteiligung des privaten Sektors am Einzelhandel auf unter zwölf Prozent. Die HO wickelt mehr als 50 Prozent des Geschäfts ab, den Rest deckt die genossenschaftlich organisierte Konsum-Kette ab.

Doch zur HO gehört nicht nur die klassische Kaufhalle. Auch Läden für Sonderwaren wie die Delikat- und Exquisit-Ketten (ab 1962), Gaststätten, große Warenhäuser (Centrum) und Hotels firmieren unter dem schwarz-weißen Logo mit dem modernen „H", das von manchen DDR-Bürgern entsprechend des schwankenden Angebots oft scherzhaft mit „H null" übersetzt wird. Die Handelsorganisation teilt sich in dementsprechend in Geschäftsbereiche – Lebensmittel, Industriewaren, Gaststätten, Hotels und Warenhäuser. Ebenfalls 1962 werden die Intershops gegründet, mit denen DDR-Bürger die Möglichkeit bekommen, für Westmark westliche Produkte zu kaufen. Die DDR nimmt ihren Bürgern so die als Devise begehrte D-Mark ab.[2]

Die großen HO-Kaufhallen sind nach dem Mauerfall begehrte Objekte bei westdeutschen Lebensmittel-Discountern. Mit mindestens 180 Quadratmetern Verkaufsfläche und ihrer großen Zahl bieten sie eine ideale Infrastruktur – sowohl gebäudetechnisch als auch nach ihrem Bekanntheitsgrad in der Bevölkerung. Der Nachteil: Fast alle Läden sind Sanierungsfälle und insgesamt gibt es zu viele, die unrentabel sind.[3]

Von einem Monopol ins nächste

„Die Angst, die Konkurrenz könnte schneller vor Ort sein, trieb die Einzelhandelsriesen schon vor der Währungsunion im Juli gen Osten.

Kräftige Ellenbogen galten von Anfang an als probates Fortbewegungsmittel." So beschreibt der *Spiegel* im Dezember 1990 die Privatisierung des Einzelhandels, noch bevor die DDR überhaupt aufhört zu existieren. Besonders hart ist der Kampf um die Lebensmittelversorgung der nach Westprodukten lechzenden DDR-Bevölkerung; 35 Milliarden Mark werden als Jahresumsatz allein in den neuen Bundesländern erwartet. Der Konzern Tengelmann Warenhandelsgesellschaft unter Franz Schmitz will mit seinen Kaiser's-Filialen in Schwerin vor allen anderen da sein. Zugute kommt den Mülheimern, dass die Mitarbeiter der HO-Märkte um ihre Jobs bangen.

Bei der Schweriner HO-Direktorin Ingrid Nysalk zieht deshalb auch die Idee, die ihren Job und den vieler Kolleginnen sichern soll: Sie beschert Tengelmann den begehrten Marktzugang zum Osten und bietet ihre Filialen im Paket an. So soll die Schweriner HO als Supermarktkette weiterleben.[4] Zugleich übt Tengelmann Druck auf die Außenstelle der Treuhand in Schwerin aus.[5] Zwar legt sie einen Alternativplan vor, der die gerechte Verteilung der Filialen an verschiedene Wettbewerbe vorsieht, doch das Konzept wird nicht einmal in Erwägung gezogen. Dafür sorgen auch die Beschäftigten der Kaufhallen, die im Falle einer Zerschlagung der Schweriner HO mit Streik drohen. Zudem kommt das Alternativkonzept von Unternehmensberater Erich Wolf, der 1976 mit der Supermarktkette „Mehr Wert" spektakulär in die Pleite gerutscht war. Wegen Urkundenfälschung landet er später fünfeinhalb Jahre im Gefängnis. Ihn als Berater zu verpflichten, nimmt der Treuhand Schwerin in diesem Fall die Glaubwürdigkeit.[6]

Der Deal mit Nysalk wird geschlossen – sie bekommt einen gut dotierten Vertrag bei Tengelmann. Von 31 größeren Kaufhallen im Bezirk übernimmt Tengelmann 27, pachtet insgesamt 131 von 150 Läden. Kaiser's bestimmt die Preise im Bezirk.[7] Die *Schweriner Volkszeitung* beschreibt dieses Geschäftsgebaren damals als „Übergang von einem Monopol ins nächste". Die noch nicht wettbewerbserprobten

Beschäftigten freuen sich dagegen über die zunächst gewonnene Sicherheit.[8]

Es leiden die kleineren Einzelhändler, die ohne Erfahrung in der Marktwirtschaft und gegen das Preisdiktat Tengelmanns keine Chance haben. Sie und die Stadtverwaltung machen die Treuhand verantwortlich, weil sie die Deals ohne Transparenz und hinter ihrem Rücken abschließe. Bürgermeister Johannes Kwaschik (SPD) erwägt sogar, Zelte und Container aufzustellen, um auch andere Supermärkte als Gegengewicht zu Tengelmann einziehen zu lassen.[9]

Ein Landkreis für Edeka

Ähnlich gewieft wie Ingrid Nysalk zeigt sich schon wenige Monate nach Mauerfall der HO-Direktor des thüringischen Landkreises Artern an der Unstrut, Alfred Pfennig. Er hat mithilfe von guten Bekannten der Treuhandanstalt in Halle (Saale) die neue Handelsgesellschaft „Multi 90" gegründet und sich alle HO-Läden und Gaststätten des Kreises einverleibt. Alte DDR-Seilschaften sind auch hier nützlich. Da hilft man sich gegenseitig: Die früheren Bezirksräte in der Treuhand-Außenstelle verhelfen Pfennig zu seinem Coup. Der frühere Stasi-Chef von Artern bekommt ein Restaurant in der Nähe des Kyffhäusers zum Vorzugszins verpachtet. Kritik daran kontert Pfennig mit einer eigenen Art von Humor: „Ich habe doch nur dem Wunsch des Volkes entsprochen: Stasi in die Produktion."

Die Treuhand hält zu dem Monopolisten, da er profitabel arbeitet und Arbeitsplätze sichert. Mit marktwirtschaftlichem Wettbewerb hat das allerdings wenig zu tun. Pfennig holt sich Edeka als exklusiven Lebensmitteldiscounter in seine HO-Läden. Für die damals 55.000 Einwohner des Landkreises Artern ist das blaue „E" auf gelbem

Grund zunächst die einzige Einkaufsmöglichkeit. Konkurrenz und Preiskampf: Fehlanzeige.[10]

Die Kosten explodieren

Fälle wie in Artern und Schwerin tauchen bis zum Herbst 1990 reihenweise auf. Die Saarbrücker Asko AG schließt mit der Bezirksdirektion des volkseigenen Handels für den Bezirk Dresden Anfang 1990 einen Vertrag, der Asko alle Geschäftsbetriebe der HO sichert. Die Idee ist einfach: Ähnlich wie in Artern werden alle Kaufhallen, Restaurants und Hotels in eine neue Gesellschaft aufgenommen, an der Asko die Mehrheitsanteile hält. Zugleich wollen die Saarbrücker die Betriebsführung und langfristig auch die Warenbeschaffung exklusiv übernehmen.[11] Auch in Potsdam bleiben die HO-Märkte zunächst zusammen. Für die 14 Kaufhallen wird die Märkha als Verwaltungsunternehmen gegründet. Der Bad Homburger Handelskonzern Rewe schließt ein Bündnis mit dem Unternehmen, um sich trickreich die Marktmacht in der Kreisstadt zu sichern. Dazu kauft Rewe im Juni 1990 genau 49 Prozent der Anteile an Märkha und übernimmt 13 von 14 ihrer Märkte. Die sollen im Oktober mit elektronischer Warenerfassung ausgestattet werden, die nur Produkte für Rewe oder deren Tochtergesellschaft Penny zulassen. Doch der Deal wird zunächst zurückgestellt.[12]

Das Ergebnis der Monopolisierung des ostdeutschen Marktes spiegelt sich vielerorts in den stark steigenden Lebensmittelpreisen wider. Egal ob Tengelmann, Edeka oder Rewe – wer in einer Region die Marktmacht besitzt, nutzt diese aus. Zwar erhalten DDR-Bürger am 1. Juli 1990 die D-Mark, jedoch zahlen sie schnell nicht nur D-Mark-Preise in ihren Kaufhallen, sondern deutlich mehr. Wo fünf

Kilogramm Kartoffeln bislang eine Mark kosten, sind es im Juli plötzlich fünf Mark – West versteht sich. Das Brot, das im subventionierten DDR-Handel 52 Pfennig kostete, klettert nun in Erfurt auf drei D-Mark der Laib. Während die Dresdener fast eine Mark für eine Dose Cola zahlen müssen, sind es Hamburg nur 60 Pfennig.

In ländlichen Regionen ist meist sogar noch ein Preisunterschied zu den ostdeutschen Mittel- und Großstädten festzustellen. Das Ostberliner Handelsministerium schickt Mitarbeiter los, um Preise zu vergleichen. Das Ergebnis: Waren des täglichen Bedarfs kosten auf dem Land teilweise doppelt so viel wie in Ostberlin. Die Kunden haben keine Wahl. Noch fehlen die Konkurrenzmärkte, die erst neu errichtet werden müssen. „Fehlender Wettbewerb wird ganz offensichtlich schamlos ausgenutzt", sagt Handelsministerin Sybille Reider damals dem *Spiegel*.[13]

Die Treuhand wehrt sich

Die Treuhand kommt den Tricks der westdeutschen Lebensmittelriesen nach Monaten der Untätigkeit langsam auf die Schliche. Lange ist man in Berlin ohne Überblick, jetzt will Treuhand-Chef Detlev Karsten Rohwedder für rechtlich saubere Übernahmen sorgen. Zunächst plant er die Schließung der Treuhand-Außenstellen und stattdessen die Gründung von Treuhand-AGs, die von der Berliner Zentrale aus gesteuert werden sollen. Doch es fehlt schlicht an genügend Managern mit marktwirtschaftlicher Erfahrung. Zum Umdenken gezwungen, will Rohwedder nun die Außenstellen ausbauen und von alten SED-Parteikadern säubern.[14] Am 9. Oktober 1990 gründet er mit dem Treuhand-Aufsichtsratchef Jens Odewald die Gesellschaft zur Privatisierung des Handels (GPH), die außer den 14 Centrum-Warenhäusern der DDR alle HO-Betriebsstätten und alle weiteren Unternehmen des früheren DDR-Ministeriums für Handel und Tourismus verkaufen soll.[15] Unternehmensberater Wolfgang Bernhardt als Aufsichtsrat und der Schweizer Peter Neubert als Geschäftsführer begeben sich auf die Suche nach den schwarzen Schafen. Sie sollen auch bereits geschlossene Verträge à la Tengelmann, Edeka und Rewe überprüfen. Insgesamt mehr als 17.000 HO-Gaststätten und Läden sind betroffen.

Bonner Hilfe…

Die HO-Läden werden neu ausgeschrieben, auch die Handelsmultis müssen sich neu bewerben.[16] Noch im Oktober wird der Treuhand-Chef der Außenstelle Potsdam beurlaubt, sein Kollege in Schwerin kurze Zeit später entlassen.[17] Schnell gibt es auch das erste prominente Opfer. Manfred Domagk – Ex-DDR-Staatssekretär und maßgeblich am Verkauf der Interhotels beteiligt – übernimmt mit Hans-Joachim Herzer die DDR-Handelskette Exquisit und bringt sie in der neu gegründeten Alpha-Handel AG unter. Eilig schaffen sie im Sommer 1990

35 Millionen D-Mark nach Hongkong und schwächen so das Unternehmen zum eigenen Vorteil erheblich. Kurz vor Weihnachten werden sie von der Treuhand fristlos gekündigt.

Allerdings sind die Verbindungen zwischen den Handelsketten im Osten und den Käufern aus dem Westen bereits eng geknüpft. Kleine Händler, die einzelne Läden führen wollen, haben trotz der Bemühungen der GPH schlechte Karten. Schon Ende 1990 ist klar, dass die meisten großen Verträge erhalten bleiben. Das Nachsehen haben ehrliche Käufer, die sich nach der Neuausschreibung plötzlich Dutzenden Interessenten gegenübersehen.[18]

Doch Bernhardt will in Rohwedders Sinne eine saubere Privatisierung sicherstellen. Er stellt einheitliche Verfahrensgrundsätze, Bewertungsvorschriften und Musterverträge auf.[19] Bis Anfang Dezember wird der Privatisierungsstopp wieder aufgehoben. Nur eine Woche gibt Bernhardt den kleinen Existenzgründern anschließend Zeit, sich um den Kauf einer Gaststätte oder eines kleinen Ladens aus dem HO-Portfolio zu bewerben.[20] Schon bis Juli 1991 ist die Privatisierungsaufgabe der GPH abgeschlossen.[21]

Die Gesamtbilanz der HO-Privatisierung liest sich durchwachsen: Von 27.000 Verkaufsstellen sowie 3.000 Restaurants und Hotels, die 1990 noch zur HO gehören, werden rund 22.300 an private Investoren verkauft. 1.500 Läden müssen schon vorher schließen, weil sie zu unrentabel sind. 8.500 HO-Läden sind kleiner als 100 Quadratmeter, weitere 2.500 kleiner als 160 Quadratmeter. Gegen die Konkurrenz auf der grünen Wiese kommen diese kleinen Händler auf Dauer nicht an.[22]

Ähnlich ergeht es Tengelmann. Der Konzern behält seine Filialen in Schwerin, bekommt aber bald Konkurrenz von den anderen Handelskonzernen, die sich schnell eigene Märkte und Kaufhallen bauen – vor allem in großen neuen Einkaufszentren am Rand der Städte. Bis auf 1.300 Filialen wächst die Tengelmann-Supermarktkette zunächst an, doch Ende der 1990er-Jahre wird sie vom Preiskampf der Discounter hart bedrängt. Im Jahr 2000 endet die Zeit der Kaiser's-Supermärkte im ehemaligen Bezirk Schwerin. Nach einem gescheiterten Verkauf an Konkurrent Edeka gibt Tengelmann bundesweit rund 550 Filialen ab. Ein Teil wird in Märkte der Konzerntochter Plus (2009 mit Edeka-Tochter Netto verschmolzen) umgewandelt, der Rest verkauft oder geschlossen.[23] Nur rund 450 Kaiser's-Filialen mit etwa 16.000 Mitarbeitern gibt es heute bundesweit, verteilt im Berliner Umland, Nordrhein-Westfalen, München und Oberbayern. Allerdings werden kaum noch Gewinne erzielt. Der Marktanteil liegt bei weniger als einem Prozent. Daher will die Tengelmann-Gruppe ihr Supermarktsegment loswerden. Im April 2015 scheitert jedoch die endgültige Übernahme der verbliebenen Filialen durch Konkurrent Edeka an einem Veto des Bundeskartellamtes.[24]

Anmerkungen

1   Die Welt, 16.11.1998, „Vor 50 Jahren eröffnete das erste HO-Geschäft".
2   www.ddr-lexikon.de/Handelsorganisation, abgerufen am 28.4.2015.
3   Der Spiegel, 3.7.1995, „Abzocke im Osten"; Die Welt, 16.11.1998, HO-Geschäft.
4   Der Spiegel, 31.12.1990, „Ein Stück Kriminalgeschichte".
5   Dirk Laabs: Der deutsche Goldrausch: Die wahre Geschichte der Treuhand, München 2012, S. 134.
6   Der Spiegel, 31.12.1990, Kriminalgeschichte.
7   Laabs 2012, S. 134.
8   Der Spiegel, 31.12.1990, Kriminalgeschichte.
9   Laabs, 2012, S. 135.
10 Der Spiegel, 31.12.1990, Kriminalgeschichte.
11 Der Spiegel, 19.3.1990, „Aufkaufen und ausschlachten".
12 Der Spiegel, 31.12.1990, Kriminalgeschichte.
13 Der Spiegel, 9.7.1990, „„Welche Preise nehmen wir?'".
14 Laabs 2012, S. 135.
15 Otto Depenheuer/Karl-Heinz Paqué (Hg.): Einheit – Eigentum – Effizienz. Bilanz der Treuhandanstalt. Festschrift zum 20. Todestag von Dr. Detlev Karsten Rohwedder, Heidelberg 2012, S. 29.
16 Der Spiegel, 31.12.1990, Kriminalgeschichte.

17   Laabs 2012, S. 135.
18   Der Spiegel, 31.12.1990, Kriminalgeschichte.
19   Depenheuer/Paqué, Heidelberg 2012, S. 29.
20   Die Zeit, 30.11.1990, „Keimzelle".
21   Depenheuer/Paqué, Heidelberg 2012, S. 29.
22   Die Welt, 16.11.1998, HO-Geschäft.
23   Manager Magazin, 16.12.1999, „Keine Einigung mit Edeka".
24   Focus.de, 1.4.2015, „Edeka darf Kaiser's Tengelmann nicht kaufen", abgerufen am
      13.4.2015.

Kapitel VIII

GESCHEITERTE BETTENKÖNIGE: DER VERKAUF DER INTERHOTELS

Die Interhotels sind die nobelste Übernachtungsmöglichkeit für Gäste in der DDR. 1990 beginnt der Kampf um die international angesehenen Häuser: Der Konzern Steigenberger AG will die Häuser zusammen mit deren Chef Hellmuth Fröhlich übernehmen, die Treuhand ist dagegen. Am Ende machen Axel Guttmann und Klaus Groenke den Deal. Doch die Hotelkrise Mitte der 1990er-Jahre macht den Investoren einen Strich durch die Rechnung. Die wollen es nicht wahrhaben. Es geht zu wie auf dem Monopoly-Spielbrett: Die Schulden auf den Häusern wachsen und doch wird immer weiter investiert. Einige Male schaffen es die Hoteliers noch über „Los" und ziehen von den Banken insgesamt drei Milliarden D-Mark ein, auf denen sie schließlich sitzen bleiben.

Die Aushängeschilder des DDR-Tourismus

Der Name Interhotel drückt schon bei der Gründung der Kette zu Jahresbeginn 1965 aus, welche Zielgruppe angesprochen werden soll. Übernachtungsgäste aus dem befreundeten, vor allem aber aus dem nicht-sozialistischen Lager sollen sich hier wohl fühlen. Dafür wird luxuriöse Ausstattung und beinahe jeder erdenkliche Service geboten. So verdient die DDR wichtige Devisen in Westmark. Und die Hotels sind idealer Anlaufpunkt für das Ministerium für Staatssicherheit. In jedem der 34 Häuser hat die Stasi Büros und jedes Zimmer kann abgehört werden.[1] Zu Beginn gehören je ein Hotel in Berlin, Erfurt, Jena und Magdeburg, zwei im damaligen Karl-Marx-Stadt (heute: Chemnitz) und fünf in Leipzig zur Interhotel-Kette. Alles sind mit fünf Sternen dekoriert und fast ausschließlich für Gäste aus dem „nicht-sozialistischen Wirtschaftsgebiet" (NSW) reserviert. Eine Untergruppe der Valuta-Hotels kommt hinzu, in denen ebenfalls hochrangige westliche Gäste übernachten, darunter das Metropol, das Grand Hotel, das Dom-Hotel und das Palasthotel in Berlin, das Merkur in Leipzig und das Bellevue in Dresden. Viersternehotels der Kette waren meist für Gäste des Freien Deutschen Gewerkschaftsbundes (FDGB) und aus den Bruderstaaten vorgesehen, z. B. das Hotel Stadt Berlin. Darunter gibt es auch Dreisternehäuser in kleineren Städten wie das Hotel Elephant in Weimar, das Hotel International in Jena oder das Hotel Panorama in Oberhof. Der Dresdner Hof (heute: Hilton Dresden) wird 1987 bis 89 als Interhotel neu gebaut, das neue Haus Belvedere in Weimar kann erst 1991 eröffnet werden.[2] Zwar ist die Ausstattung für DDR-Verhältnisse großzügig und luxuriös, doch ist die Einteilung der Hotels in Kategorien durchschnittlich um einen Stern zu hoch angesetzt. Deshalb ist der Sanierungsstau riesig, als die Häuser nach 1990 neue Besitzer und Pächter finden sollen.

Wer holt sich die Hotels?

Hellmuth Fröhlich ist der Mann hinter 34 Interhotels der DDR. Er hat sich hochgearbeitet, vom Koch zum Chef des Berliner Metropol- und Grandhotels. Im Frühjahr 1990 zur Leipziger Messe ist der Vorstandsvorsitzende der neu gegründeten Interhotel AG zuversichtlich. Die Kartellämter beider deutscher Staaten haben der Übernahme durch die Steigenberger AG aus Frankfurt/Main zugestimmt, die Treuhand sei auch einverstanden, verkündet er selbstbewusst.[3] Als Treuhand-

Chef Detlev Karsten Rohwedder von den Plänen unterrichtet ist, will Steigenberger das Geschäft schnell unter Dach und Fach bringen. Am 24. Juli 1990 treffen sich die Manager der Hotelkette mit Fröhlich und einem Notar um 14 Uhr im Grand Hotel an der Berliner Friedrichstraße. Hier werden die 34 Namen der Interhotels verlesen, die noch am selben Nachmittag im Paket verkauft werden sollen. Um 17 Uhr – mitten in der Verlesung – unterbricht Fröhlich und verlässt den Saal zu einem Treffen mit der Treuhand am Alexanderplatz. Hier wird ihm mitgeteilt, dass er das alternative Verkaufskonzept Rohwedders mit Einzelverkäufen der Häuser innerhalb von drei Tagen zu prüfen und anschließend dem Treuhand-Vorstand seine Verkaufsstrategie vorzustellen habe. Fröhlich gibt vor, dies umzusetzen, kehrt aber schleunigst ins Grand Hotel zurück, wo er die Pachtverträge mit Steigenberger unterzeichnet. Ein Coup scheint gelungen.[4]

Doch ändert sich bis September 1990 alles. „Jetzt wird nur noch mit Dreck nach uns und nach mir geworfen", klagt Fröhlich. Rohwedder kann ihn nicht einfach entlassen, muss daher den offiziellen Weg wählen. Am 10. September wird der vorläufige Aufsichtsrat der Interhotel AG gebildet. Hans Jakob Kruse wird dessen Vorsitzender und entlässt in erster Amtshandlung Fröhlich aus dem Amt. Stattdessen wird Ralf Corsten von der Continental Hotel Consultants GmbH neuer Vorstandschef. Fröhlich lässt sich jedoch nicht so leicht verjagen, zweifelt die Rechtmäßigkeit der Wahl des Vorsitzenden an.

Die Treuhandanstalt will den Verkauf an Steigenberger unbedingt rückgängig machen und Fröhlich als dessen größten Verfechter aus dem Weg räumen. Er hatte den Deal schon unter der Regierung von Hans Modrow vorbereitet. Manfred Flegel, Ex-Minister, und Manfred Domagk, Ex-Staatssekretär, helfen als Vertraute in der Treuhand, das Geschäft rechtlich abzusichern. Der mit ihnen geschlossene Pachtvertrag ist für Fröhlich eine Goldgrube: Eine von Interhotel und Steigenberger gegründete Betreibergesellschaft für die DDR-Kette bekommt mit 15.000 Betten das Monopol auf schicke Herbergen im Osten zum Schnäppchenpreis, obwohl die Häuser noch 1989 rund 380 Millionen Mark Gewinn erwirtschaftet hatten. Denn die Pachtzinsen werden zwischen vier und sechs Prozent des Umsatzes angesetzt – nur etwa die Hälfte dessen, was in der Bundesrepublik gezahlt wird.

Treuhand-Chef Rohwedder wirft den gewieften Investoren Wettbewerbsverzerrung vor. Durch den niedrigen Pachtzins könne man

die Hotels nur mit großem Verlust verkaufen – darauf spekulieren Fröhlich und seine Partner. Bis zu zwei Milliarden Mark wollen sie so bei den Zinsen sparen. Rohwedder entlässt Flegel und Domagk, muss sich aber weiter mit Fröhlich befassen. Denn tatsächlich wird die Bestellung Corstens zum neuen Vorstandschef der Interhotel AG nur vier Tage nach seiner Ernennung vom Stadtbezirksgericht Berlin-Mitte für unrechtmäßig befunden. Fröhlich bleibt am Ruder und der Pachtvertrag behält seine Gültigkeit. Rohwedder muss vorerst einlenken. Seine Bedingung: Steigenberger soll die Hotelkette nicht nur betreiben, sondern direkt kaufen.

Das Warten auf eine Einigung schmeckt den 13.000 Beschäftigten der Interhotels gar nicht. Sie fürchten um ihre Jobs, hoffen auf Sicherheit mit Steigenberger – und Fröhlich. Denn Gerüchte um Schließungen einiger Häuser bei einer Zerschlagung der Kette machen die Runde. Fröhlich hat sie mit einer Jobgarantie auf seine Seite gebracht: Wer nicht in den Interhotels bleiben kann, soll eine Stelle in einem Steigenberger Hotel angeboten bekommen. Zu Zeiten der Massenentlassungen ein Segen für die Ostdeutschen. Anfang September stürmen einige Beschäftigte der Berliner Interhotels die Chefetage der Treuhand am Alexanderplatz. Der Verkehr kommt zeitweise zum Erliegen. Dennoch bleibt die Treuhand bei ihrer Linie: „Wer hier wen melkt, bestimmt erst einmal der Eigentümer, und das sind wir", sagt Treuhand-Pressesprecher Wolf Schöde.

Dennoch verfolgt Fröhlich Mitte September 1990 den Deal weiter. Einen Haken hat die Sache: Die Interhotel AG muss als Verpächter alle Modernisierungskosten selbst tragen. Eine Milliarde Mark sind in den folgenden Jahren für 21 Häuser veranschlagt. Eine schwere Hypothek, denn bis der westliche Ausstattungsstandard erreicht ist, rechnen die Betreiber von 1991 bis 1993 mit 80 Millionen Mark Verlust bei den Übernachtungen. Dazu kommen 126 Millionen in der Gastronomie sowie 133 Millionen durch Lohnerhöhungen beim Personal. Ohne Steigenbergers Hilfe wären die Interhotels damit von vornherein pleite.

Schwierig für den Aufbau einer erfolgreichen Hotelkette ist zudem Fröhlichs Ruf, eng mit der Staatssicherheit zusammengearbeitet zu haben, die in seinen Hotels ständig präsent war, um ausländische Gäste zu bespitzeln. „Erfahre ich von hohen Ex-Stasi-Leuten oder von

Mitarbeitern, die mehr als dienstliche Kontakte zu der Stasi unterhalten haben, dann schmeiße ich sie raus", tönt er zwar gegenüber dem *Spiegel*, doch die Liste der Freundschaften und Geschäftsbeziehungen, die abzubrechen sind, ist lang. Manfred Ackermann ist als Palasthotel-Direktor wegen seiner Stasi-Nähe nicht mehr tragbar, ebenso wie dessen Protokollchef Reinhard Hellmann. Mit Karl-Heinz Bringer hat Fröhlich einen engen Freund des früheren Berliner Stasi-Chefs Siegfried Hähnel zum Casinoleiter gemacht. Ein Fehler, den er berichtigen muss.

Vorerst geschieht in dieser Richtung jedoch nichts. Stattdessen umgibt sich Fröhlich mit weiteren Wegbegleitern aus der sozialistischen Vergangenheit. FDJ-Zentralratssekretär Volker Ränke hat er ebenso in die Interhotel AG geholt wie Helmut Riedel. Der frühere Hauptabteilungsleiter im DDR-Ministerium für Handel und Versorgung hat sich seine Spitzenposition bei Fröhlich durch einen Coup verdient: Gemeinsam mit Ex-Vizehandelsminister Manfred Merkel, dessen Chef Manfred Flegel und dem Finanzstaatssekretär Walter Siegert konnte Riedel die Konzession für Spielbanken in der DDR beschaffen – und Fröhlich auf dem Silbertablett servieren. Gemeinsam mit den Hotels soll sie Millionengewinne bringen. Merkels Söhne bekommen leitende Positionen in Interhotels, Siegert rückt in den Aufsichtsrat der Neue Deutsche Spielcasino GmbH. Ähnlich des Bauernverbandes und der in Agrargenossenschaften umgewandelten LPG bleiben alte Seilschaften intakt, lenken auch im neuen System.[5]

Die Treuhand bleibt hart

Fröhlichs Plan stürzt wie ein Kartenhaus zusammen, als die Treuhand den Verkauf an die gemeinsame Betreibergesellschaft mit Steigenberger rückgängig macht. Der Wettbewerb soll gefördert werden. Eine internationale Ausschreibung bringt 200 Bewerber hervor, darunter erneut Steigenberger, aber auch Autovermieter Sixt, die Hotelgruppe Maritim und Immobilienspekulant Roland Ernst.[6] Doch statt die Hotelkette zu zersplittern, verkauft man Ende 1991 für 2,2 Milliarden Mark 27 Hotels[7] an die Berliner Klingbeil-Gruppe. Deren Gründer Karsten Klingbeil ist aber schon nicht mehr an Bord. Stattdessen stehen seine langjährigen Geschäftsführer Klaus Groenke und der 2001 verstorbene Axel Guttmann an der Spitze.[8] Die beiden gelten als Berlins schillerndste Baukönige und nennen ihre Firma bald Trigon Holding. Sie sammeln Ferraris wie andere Spielzeugautos und zeigen diese in der Nationalgalerie, fahren im weißen Rolls-Royce vor dem Nobeltreff „Ristorante Ciao" neben der Schaubühne vor und sammeln Kunst. Ein Privatjet gehört ebenfalls zur Ausstattung. Schon vor dem Mauerfall sind sie mit ihrem Ziehvater Karsten Klingbeil dick im Geschäft. Ab 1990 kaufen sie Immobilien in Ostberlin – und verheben sich schließlich mit den Interhotels.[9]

Sie können die Darlehen zu Kauf und Sanierung der Häuser nicht tilgen. Insgesamt 3,2 Milliarden Mark müssen sie sich von zwei Bank-Konsortien unter Führung von Deutscher Bank und Deutscher Pfandbrief- und Hypothekenbank (Depfa) leihen, um neben dem Kauf auch die Modernisierung der Häuser zu schultern und Anfangsverluste auszugleichen. Schuld am Scheitern ist einerseits die schlechte Auslastung, die Hotelbranche steckt in der Krise. Doch vor allem geht der eigentliche Plan nicht auf: Einzelne Häuser und Grundstücke wollen sie so gewinnbringend verkaufen, dass die Zinsen für den eigenen Kredit gedeckt und die übrigen Häuser saniert werden können. Diese würden mehr Gewinn abwerfen als für die Kredit- und Zinstilgung notwendig. Doch die Immobilienspekulanten scheitern wegen der „Rückgabe vor Entschädigung"-Regelung an unzähligen Alteigentumsansprüchen. Nur fünf Häuser können sie verkaufen.[10] Für die Hälfte der Grundstücke, die zur Interhotelkette gehören, stehen sie noch nicht einmal im Grundbuch.[11] Die geplanten Erlöse fehlen letztlich im Finanzplan. Bis Ende 1993 belaufen sich die Schulden der Interhotels bereits auf 358 Millionen Mark. Die Kette ist damit buchmäßig überschuldet.

Ein Jahr später zahlen die Banken immer noch an Trigon, die zu diesem Zeitpunkt schon 6,3 Milliarden D-Mark Schulden angehäuft

hat. Einen Jahresabschluss müssen Groenke und Guttmann nie vorlegen. Wie schlecht es um einen der größten deutschen Bauträger zu dieser Zeit tatsächlich steht, bleibt den Banken fahrlässigerweise verborgen. Groenke behauptet damals, die Erstellung eines Konzernabschlusses sei zu teuer. Die Banken verstoßen gegen das Kreditwesensgesetz, nach dem sie verpflichtet sind, sich über die wirtschaftliche Lage von Kreditnehmern zu informieren.

Gescheiterte Bettenkönige

Auch privat rechnen Groenke und Guttmann ihr Vermögen groß, um die Banken zu täuschen. Um mehrere Hundert Millionen Mark soll ihr Privatbesitz ausgerechnet im Krisenjahr 1993 gewachsen sein. Schon damals warnen Wirtschaftsprüfer wegen dieser Unregelmäßigkeit. Für 1994 errechnen die Buchprüfer nach Auffliegen des Schwindels sogar Verluste bei beiden von jeweils 45 Millionen Mark. Den Banken war das offenbar gleich. Sie investierten munter weiter, hofften auf die Möglichkeit, das bereits gezahlte Geld mit noch mehr Geld retten zu können.

1995 sieht Guttmann noch eine Rettungschance. Mit dem Verkauf eines einzelnen Hauses will er 120 Millionen D-Mark verdienen und die dringendsten Verbindlichkeiten bedienen. Doch zugleich macht sich neues Ungemach breit: Pächter Maritim droht mit Kündigung. Die Jahrespacht von zusammen 63 Millionen D-Mark ist zu hoch. Maritim ist dadurch selbst in Schwierigkeiten geraten, macht zweistellige Millionenverluste jedes Jahr. Man einigt sich: Trigon muss das Berliner Grand Hotel und das Bellevue in Dresden zurücknehmen. Beide Häuser fahren je 15 Millionen D-Mark Verlust pro Jahr ein. Sogar die 233 Millionen D-Mark teure Trigon-Zentrale müssen Guttmann und Groenke verpfänden, um flüssig zu bleiben. Am Ende nützt es nichts. Die Banken müssen die Schulden mit übernehmen. Die Deutsche Bank übernimmt Ende Juli 1995 von Trigon 45,6 Prozent an der Interhotelgruppe, die Depfa rund ein Drittel.[12] Sie wollen die Pleite der Holding verhindern, um den angeschlagenen Immobilienmarkt besonders in der Hauptstadt nicht noch schwerer zu belasten.[13] Seither läuft die Suche nach Käufern schleppend.

Erst im Dezember 2006 kauft der amerikanische Finanzinvestor Blackstone 14 Hotels, darunter das Grand Hotel an der Berliner Friedrichstraße. Die Gläubiger Deutsche Bank und Aareal Bank verkaufen, ohne zunächst den Preis zu nennen, wollen den großen Verlust mit den Häusern nicht der breiten Öffentlichkeit bekannt machen. Doch der geschätzte Kaufpreis von 750 Millionen Euro sickert durch – die Banken bleiben auf knapp 900 Millionen Euro Schulden sitzen. Die Kosten landen auf Umwegen beim Steuerzahler, denn der Verlust wird bei der Steuererklärung abgeschrieben.[14] Im August 2013 kommen erste Gerüchte über einen Weiterverkauf der Interhotels auf. Blackstone will die Kette an ihre Gläubiger abgeben. Ihr Wert ist inzwischen nochmals gesunken. Als Kaufpreis stehen nur noch 600 Millionen Euro im Raum. Passiert ist bisher nichts.[15]

Anmerkungen

1 Die Welt, 26.10.2009, „Was aus den Hotels des Sozialismus wurde".
2 Sächsische Zeitung, 7.11.2009, „Was machen die DDR-Interhotels?".
3 Der Spiegel, 31.12.1990, „Wer wen melkt".
4 Dirk Laabs: Der deutsche Goldrausch: Die wahre Geschichte der Treuhand, München 2012, S. 112 f.
5 Der Spiegel, 31.12.1990, Melkt.
6 Der Spiegel, 11.11.1991, „Geldwerter Vorteil".
7 Die Welt, 26.7.1995, „Das Reich der Hotelkönige zerfällt".
8 Der Spiegel, 3.2.1992, „Das kam für uns goldrichtig".
9 Der Tagesspiegel, 31.10.2001, „Die Party sollte nie zu Ende gehen".
10 Die Welt, 26.7.1995, Reich.
11 Die Zeit, 4.8.1995, „Hoffen auf den Umzug".
12 Focus, 19.6.1995, „Aus Schneider nichts gelernt".
13 Die Zeit, 4.8.1995, Hoffen.
14 Berliner Morgenpost, 18.12.2006, „Blackstone verkauft ostdeutsche Interhotels".
15 Die Welt Online, 9.8.2013, „Blackstone plant wohl Verkauf von Interhotel in 600-Mio.-€-Deal".

Kapitel IX

SCHMIERSTOFFE IM AKTENKOFFER: DIE ÜBERNAHME DER LEUNA-WERKE

Ex-Bundeskanzler Helmut Kohl und den damaligen französischen Präsidenten François Mitterrand verbindet seitdem eine enge Freundschaft. 1990 sind beide die mächtigsten Männer ihres Landes und der französische Konzern Elf Aquitaine (heute: Total) sehr interessiert an der Übernahme der DDR-Tankstellenkette Minol. Die ist Monopolist und eines der wenigen profitablen ostdeutschen Unternehmen. Mitterrand wünscht sich den Zuschlag als Freundschaftssymbol zwischen Frankreich und Deutschland, Kohl bindet die milliardenschwere Sanierung der Leuna-Raffinerie im brandenburgischen Schwedt an den Verkauf – Auslöser für einen der größten Schmiergeldskandale der europäischen Geschichte, der in Frankreich zu 30 Verurteilungen führt, in Deutschland jedoch zu keiner einzigen.

Leuna-Werke – Benzinquelle der DDR

Schon im Mai 1916 wird in Leuna der Grundstein für die Chemieindustrie gelegt. Auf kaiserlichen Befehl baut hier der Konzern BASF sein zweites Ammoniakwerk – gut geschützt vor französischen Luftangriffen im Ersten Weltkrieg. Hier entsteht in den 1920er-Jahren das sogenannte Leuna-Benzin – synthetischer Treibstoff aus Braunkohle –, das später vor allem die Nazis für ihren Krieg benötigen. Nach Kriegsende fällt das riesige Betriebsgelände zunächst in sow-

jetische Hand, erst 1954 wird die DDR Eigentümer. Als VEB Leuna-
Werke „Walter Ulbricht" (LWWU) wird der Betrieb größter Chemiekonzern der DDR mit rund 27.000 Mitarbeitern; 21 Quadratkilometer
groß ist das Firmenareal, das zwei eigene Bahnhöfe beherbergt. Mit
den Ölkrisen in den 1970er-Jahren steigt Leunas Bedeutung als Erd-
ölverarbeiter zu Benzin, Diesel und Heizöl. Doch bis auf das neu ge-
baute Werk Leuna 2 (ab 1959) laufen im Betrieb die alten Aggregate
aus den 1920er- und 1930er-Jahren weiter. In den Jahren vor dem
Mauerfall ist der Verschleiß so hoch, dass nicht mehr wirtschaftlich
gearbeitet werden kann. Das schwerfällige Kombinat ist im Ganzen
nicht zu retten. Es wird 1990 aufgelöst und in Einzelteilen verkauft
oder abgerissen. Ein Chemiepark mit Neuansiedlungen entsteht.
Dennoch verlieren Tausende ihren Job. Die marode Erdölraffinerie
steht wirtschaftlich vor dem Aus. Milliardenschwere Investitionen
sind notwendig.[1]

Minol – begehrter Zapfsäulen-Monopolist

Was in Leuna produziert wird, bringt der VEB Kombinat Minol an die
Autofahrer der DDR. Ab 1956 wird ein neues Vertriebsnetz aufgebaut
und das rote Logo auf gelbem Untergrund zu einer der bekanntesten
Marken der DDR. Mehr als 1.300 Minol-Tankstellen sind bei Maueröff-
nung in Betrieb. Da die Nachfrage nach Benzin mit dem Autoboom zu
Beginn der 1990er-Jahre explosionsartig ansteigt, ist die am 8. Juni
1990 neu gegründete Minol Mineralölhandel AG ein florierendes Unternehmen. Das neue Logo mit dem rosafarbenen „M" und dem gel-
ben Schriftzug auf violettem Grund wird von den Kunden ebenfalls
schnell akzeptiert. Als Verkäufer fungiert die Treuhandanstalt, die
damit einen wertvollen Trumpf in den Händen hält.[2]

Schmierstoffe im Aktenkoffer

Elf – gut bezahlter Helfer in der Not

Die Ausgangslage ist 1991 aus Sicht des französischen Mineralölkonzerns Elf Aquitaine eindeutig: Die Minol AG ist eine lohnende Investition, die man unbedingt tätigen möchte. Raffineriekapazität besitzt Elf selbst genug, aber ein fertiges Vertriebsnetz in Ostdeutschland bringt einen ungeheuren Vorsprung auf die Wettbewerber. Die sind in Gestalt von British Petrol (BP), Tamoil (Niederlande) und Q8 (Kuwait) ebenfalls stark an Minol interessiert. Der Haken: Die Erdölraffinerie in Schwedt gehört mit zum Paket – inklusive einer standortsichernden Modernisierung. Helmut Kohl will Industriezentren im Osten belassen. Die Leuna-Werke sollen eines dieser Zentren in Mitteldeutschland sein.

Die Verhandlungen gestalten sich zäh. Den Elf-Managern ist bewusst, dass die Treuhand unter Birgit Breuel und der deutsche Kanzler politisch in Zugzwang sind. Kohl hatte bei seinem ersten Besuch im mitteldeutschen Chemiedreieck in Buna im Mai 1991 erklärt, man wolle viele Arbeitsplätze retten. Doch auf eine internationale Ausschreibung des Verkaufs der Erdölraffinerie in Leuna meldet sich kein einziger Interessent. Kohl wendet sich Hilfe suchend an Mitterrand. Elf Aquitaine – seit seiner Gründung 1967 durch Charles de Gaulle unter starkem Einfluss des Staates – soll in einem Konsortium mit der Thyssen-Gruppe neuer Eigentümer werden. Ein Jahr später wird verhandelt. Elf lässt sich die Erhaltung von Leuna als Chemiestandort mit dem gewinnbringenden Minol-Kauf versüßen. Und noch mehr: Die Manager erreichen, dass die Treuhand rund 500 Millionen D-Mark bereitstellt, um Sozialpläne, Personalkostenzuschüsse und die Beseitigung von Umweltschäden der Minol-Tankstellen zu bezahlen. Dafür sagen die Franzosen Investitionen von rund 700 Millionen D-Mark in die Minol AG zu – Geld, das an den Zapfsäulen schnell wieder zu verdienen ist. Das Verkehrsministerium unter Günther Krause (CDU) arbeitet in kürzester Zeit ein Gesetz aus – die sogenannte „Lex Minol" –, das am 3. Juni 1992 beschlossen wird und den Kauf möglich macht.

Es beginnen kurz darauf die Verhandlungen um die Raffinerie in Leuna. Elf will 250 Millionen D-Mark für die Übernahme zahlen und zusammen mit Thyssen insgesamt 3,3 Milliarden investieren. Dafür soll die Treuhand das neu zu bebauende Gelände in Spergau gleich neben dem bisherigen Betriebsgelände kaufen, die alte Raffinerie abreißen und Altlasten abtragen. Nach damaligen Schätzungen liegen die Kosten dafür bei rund vier Milliarden D-Mark. Am 23. Juli unterzeichnen Elf-Vorstandschef Loïk Le Floch-Prigent und Treuhand-Chefin Breuel den Vertrag. Das Finanzministerium stimmt diesem am 6. Oktober 1992 zu, das Bundeskartellamt nimmt die Übernahme von Minol im Dezember des selben Jahres an. Festgeschrieben wird im Vertrag, dass die Arbeiten zum Neubau der Raffinerie bis 28. Februar 1994 beginnen müssen.[3]

Doch das ganze Unternehmen gerät ins Stocken, als der Elf-Vorstandschef Le Floch-Prigent im August 1993 nach der Wahlniederlage der Sozialisten in Frankreich von Philippe Jaffré beerbt wird. Der will von dem Geschäft mit Leuna nichts mehr wissen. Am 23. Februar 1994 kommt es zu einem Geheimtreffen zwischen Treuhand-Chefin Breuel und Jaffré in Düsseldorf. Jaffré bleibt hart, lässt sich durch drohende Vertragsstrafen nicht einschüchtern.[4] Bundeskanzler Kohl hatte schon im Vorfeld einen Brief an Premierminister Édouard Balladur geschrieben, der die Elf-Delegation jedoch unbeeindruckt lässt. Am 25. Februar ruft Finanzminister Theo Waigel (CSU) bei seinem französischen Amtskollegen an, um Druck auf Elf auszuüben. Es ändert sich nichts. Elf will, dass die Treuhand einen Partner findet, der sich zu einem Drittel am Betreiberkonsortium aus Elf und Thyssen beteiligt. Breuel schlägt dem Kanzler daraufhin in einem Vieraugenge-

spräch vor, die Treuhand-Tochter Buna AG das fragliche Drittel übernehmen zu lassen. Faktisch ist das zwar eine Rückverstaatlichung,
doch Kohl gibt nach, um den Deal nicht platzen zu lassen und die verbliebenen Arbeitsplätze nicht zu gefährden.[5] Thyssen steigt – für die
Öffentlichkeit überraschend – im April 1994 aus. Tatsächlich nutzt
der Konzern damit eine Vereinbarung mit Elf, die Thyssen seinen Anteil an allen bislang gezahlten Zuschüssen zur Investition in Leuna
gewährt. Die Treuhand bringt kurzfristig russische Ölfirmen als Er-
satz ein.[6]

Am 25. Mai begehen Kohl und Jaffré unter großem Medienrum-
mel in Spergau den ersten Spatenstich für die neue Raffinerie. Wie
viel das Werk letztlich kostet, ist bis heute verborgen geblieben. Die
Erbauer sind Thyssen Rheinstahl, das Schweizer Unternehmen Lurgi
und Technip, und sie nennen ihr Konsortium TLT. Elf ist als größter
Aktionär an Technip beteiligt. TLT verdient rund 20 Prozent, normal
wäre ein Viertel davon. Um den hohen Gewinn zu verschleiern, werden die Kosten u. a. für Material und Ingenieurleistungen künstlich
hochgerechnet. Durch die hohen Subventionen der EU und der Bundesrepublik hat Elf als Auftraggeber zu viel Geld, um es nur für den
Bau auszugeben. Der Überschuss wird mit 200 Millionen Mark Gewinn
auf dem Kapitalmarkt angelegt und in drei Jahrestranchen ausgezahlt, um in den Bilanzen verborgen zu bleiben. Der frühere nieder-
ländische EU-Wettbewerbskommissar Karel Van Miert lässt den Bau
untersuchen und bekommt trotz der mangelnden Kooperation von
Thyssen und Elf das Ergebnis, dass der Bau mindestens 700 Millionen
D-Mark zu teuer ausgewiesen worden ist. In Deutschland geschieht
jedoch nichts. Eigenes Geld muss Leuna dank der Subventionen letztlich gar nicht investieren.[7]

Zeitgleich mit dem Neubau der Raffinerie wird das alte Werk abgetragen, um Platz für Neuansiedlungen zu schaffen. 1997 wird die Mitteldeutsche Erdölraffinerie (MIDER) nach zweieinhalb Jahren Bau-

zeit in Betrieb genommen. Sie gilt noch heute europaweit als Perle der Ölverarbeitung und firmiert seit der Fusion des Elf-Konzerns mit Total Fina 2003 (heute: Total) unter Total Raffinerie Mitteldeutschland GmbH (TRM). Sechs Milliarden Euro sind bis heute in das Gelände geflossen und 9.000 Beschäftigte haben ihren Arbeitsplatz, wo einst die Leuna-Werke standen.[8] Aus dem Jahresumsatz von rund fünf Milliarden Euro zieht Total heute einen beträchtlichen Gewinn.[9]

Schmierstoffe im Aktenkoffer

Doch was rund um den Verkauf der Leuna-Werke und Minol passiert ist, kommt erst mitten in der Bauphase der neuen Raffinerie ans Licht. Die französische Finanzjustiz mit einer toughen Frau an der Spitze bringt den Stein ins Rollen. Eva Joly ist seit 1990 oberste Untersuchungsrichterin im französischen Finanzministerium. Sie deckt den Korruptionsskandal um Elf Aquitaine, und damit auch um die Leuna-Werke, hartnäckig und furchtlos auf. Verdächtige Börsengeschäfte des Konzerns machen sie stutzig. Trotz mehrerer Einbrüche in ihr Privathaus und das Büro sowie verschiedener Einschüchterungsversuche treibt Joly die Ermittlungen voran. Von 1995 bis 2002 dauert die Untersuchung, an deren Ende 37 teils hochrangige Angeklagte und 30 Verurteilungen stehen. Dazu gehören auch der Ex-Elf-Vorstandschef Le Floch-Prigent und seine rechte Hand Alfred Sirven.

Der Vorwurf: Umgerechnet mehr als 300 Millionen Euro sollen sie aus dem Konzern abgezweigt haben, um für die Abwicklung von Geschäften und Wahrung der eigenen Interessen wichtige Persönlichkeiten der internationalen Politik zu bestechen. Le Floch-Prigent wird schon am 4. Juli 1996 verhaftet und verbringt sechs Monate in Untersuchungshaft, bevor er gegen eine halbe Million Franc Kaution freigelassen wird. Seine Verurteilung folgt am 12. November 2003:

Fünf Jahre Gefängnis und 375.000 Euro Geldstrafe lautet der Richterspruch, den der Angeklagte akzeptiert. Aus gesundheitlichen Gründen wird er schon im April 2004 wieder aus der Haft entlassen.

Sirven – maßgeblich für die Verteilung des Schmiergelds überall auf der Welt verantwortlich – ist dagegen nicht so leicht zu fassen. Er flieht 1997 auf die Philippinen. Erst am 23. Januar 2001 kann er dort verhaftet werden. Er bekommt sein Urteil am selben Tag wie sein ehemaliger Vorgesetzter: fünf Jahre Haft, von denen ein Großteil bereits in der Untersuchungshaft abgesessen wurde. Im Mai 2004 darf er auf freien Fuß, zahlt 150.000 Euro Kaution, statt die Reststrafe anzutreten. Am 12. Februar 2005 stirbt er an Herzversagen.

Der Untersuchungsausschuss macht sich an die Arbeit ...

Mythos „Bundeslöschtage"

Mit Beginn der Untersuchungen in Frankreich tauchen auch in Deutschland Gerüchte zu Schmiergeldzahlungen auf. Der Verdacht, dass auch deutsche Politiker – vor allem aus den Reihen der regierenden CDU und FDP – die Hand aufhielten, liegt nahe. Es soll sich um die Zeit der französischen Übernahme von Leuna und Minol in den Jahren 1992/93 handeln. 47 Millionen Euro aus schwarzen Kassen von Elf sollen über die eigens dazu eingerichtete Beraterfirma Noblepac in Genf und Briefkastenfirmen in Liechtenstein nach Deutschland geflossen sein.

Der Verdacht wächst, als unter der scheidenden Bundesregierung von Helmut Kohl nach ihrer Abwahl im September und Oktober 1998 einige brisante Akten verschwinden. Der Deutsche Bundestag setzt daraufhin einen Untersuchungsausschuss unter Leitung des FDP-Politikers Burkhard Hirsch ein. Die Staatsanwaltschaft nimmt Ermittlungen gegen Kanzleramtsmitarbeiter auf, die jedoch später aus Mangel an Beweisen eingestellt werden müssen. Doch Hirsch und sein Ausschuss bestätigen, dass tatsächlich Akten zu verschiedenen sensiblen Themen aus der Ära Kohl dauerhaft verschwunden sind, darunter sechs Aktenordner zum Verkauf der Leuna-Werke und Minol.

Liest man Hirschs Bericht, zeigt sich eine detailversessene Entnahme von Akten und die Vertuschung von Zusammenhängen durch die Zusammenlegung von Aktenresten. Auch die flächendeckende Löschung von Computerdaten wird nachgewiesen. Was Hirsch nicht beweisen kann, ist die tatsächliche mutwillige Vernichtung von Akten durch das Bundeskanzleramt. Dessen ehemaliger Leiter, Friedrich Bohl (CDU), betont, keine Weisung an seine Mitarbeiter zur Löschung oder Vernichtung von Daten gegeben zu haben. Dennoch geht der Skandal unter dem Namen „Bundeslöschtage" in die Geschichte ein.[10]

Schmierstoffe im Aktenkoffer

Schwere Vorwürfe aus Paris

Neue Nahrung erhalten die Gerüchte um Schmiergeldzahlungen durch Sirvens Aussagen während des Prozesses in Paris im April 2003. Er nennt zuerst Hans Friderichs (FDP), früherer Bundeswirtschaftsminister, zum Zeitpunkt der Privatisierung Aufsichtsratsvorsitzender der Leuna-Werke und zeitgleich Berater einer Bank, die auch den Elf-Konzern vertrat, als Geldempfänger. Ebenfalls geschmiert worden sein soll Agnes Hürland-Büning (CDU), bis 1990 Parlamentarische Staatssekretärin im Bundesverteidigungsministerium, seither Lobbyistin für Elf. Schon zuvor hatten frühere Elf-Manager verschiedene Institutionen und Personen in Deutschland der Korruption beschuldigt, darunter die Treuhandanstalt, den Bundesnachrichtendienst, Kanzler Helmut Kohl und andere. Doch keiner wird je so konkret wie Sirven.

Ein weiterer Name, der im Laufe der Untersuchung immer wieder fällt, ist Dieter Holzer. Der Saarbrücker Oberstaatsanwalt Raimund Weyand ermittelt 18 Monate lang gegen den Lobbyisten, der für Elf die Verhandlungspartner an einen Tisch geholt haben soll. Er ist ebenfalls in Paris angeklagt. Rund 50 Millionen Mark sind bei der Privatisierung von Leuna und Minol das Beraterhonorar Holzers. Reichlich viel Geld für wenig Leistung, meint das Pariser Untersuchungsgericht. Der Verdacht: Er habe das Honorar bekommen, um es teilweise als Schmiergeld weiterzuleiten. Holzer beteuert das Gegenteil, spricht von branchenüblichen Honoraren. Allerdings können zwei millionenschwere Zahlungen Holzers auf Konten in Luxemburg nachgewiesen werden, die dem deutschen Staatssekretär im Verteidigungsministerium, Ludwig-Holger Pfahls (damals CSU), zugerechnet werden.[11] Pfahls befand sich schon seit 1999 auf der Flucht vor den deutschen Behörden, wurde per Haftbefehl wegen Bestechlichkeit und Steuerhinterziehung in anderen Fällen gesucht. Er wird erst im Juli 2004 in Paris verhaftet und 13 Monate später in Augsburg zu zwei Jahren und drei Monaten Haft verurteilt – allerdings nicht wegen der Leuna-Affäre, für die er nie angeklagt wird.[12]

Die sonstigen Wege des Elf-Schmiergeldes sind kaum nachzuvollziehen. Oberstaatsanwalt Weyand kann die Geldflüsse nicht verstehen, sieht keinen wirtschaftlichen Hintergrund. Ein Teil der Millionen wird über die Genfer Konten von Noblepac in Holzers Wahlheimat Libanon überwiesen, wo die Ermittler keine Einsicht nehmen können. Ein anderer Teil landet in einem Geflecht von Firmen und Unternehmen in Liechtenstein und Luxemburg. Zweistellige Millionenbeträge werden in bar abgehoben. Der Verdacht der Geldwäsche liegt nahe.[13]

Deshalb sind auch Schweizer Ermittler auf den Spuren des Geldes. Der Genfer Generalstaatsanwalt Bernard Bertossa ist seit 1998 hinter den Millionen her. Er schafft es zumindest, eine Übersicht des Firmengeflechts zu erstellen und zu beweisen, dass Zahlungen in Millionenhöhe über die Schweiz nach Deutschland geflossen sind. Doch an der deutschen Grenze endet Bertossas Zuständigkeit. Drei Mal ruft er deutsche Ermittlungsbehörden zwischen 1998 und 2000 zur Arbeit auf, sendet ihnen seine Untersuchungsergebnisse mit klaren Hinweisen auf öffentliche Bestechung. Er schickt der Staatsanwaltschaft Augsburg sogar eine Liste mit Verdächtigen, darunter Walther Leisler Kiep (Ex-Schatzmeister der Bundes-CDU) und Werner Münch (CDU, Ex-Ministerpräsident von Sachsen-Anhalt) sowie die bereits genannten Günther Krause, Friedrich Bohl, Ludwig-Holger Pfahls und Agnes Hürland-Büning. Dennoch reagieren weder deutsche Staatsanwälte noch das Bundeskriminalamt und die Wochenzeitung *Die Zeit* kritisiert einen „Mangel an Courage" bei den deutschen Behörden.[14] Erst 2001 beginnt die Staatsanwaltschaft Saarbrücken mit den Ermittlungen, die Generalstaatsanwalt Georg Linden 2003 nach den Pariser Urteilen noch einmal aufnimmt.

Schmierstoffe im Aktenkoffer

Holzer wird 2003 in Paris ohne sein Beisein zu 15 Monaten Haft und 1,5 Millionen Euro Strafe verurteilt. 2009 tritt er nach gescheiterten Revisionen in allen Instanzen seine Haft an.[15] Wolfgang Schäuble (CDU), schon in den 1990er-Jahren Minister in Kohls Regierung, sieht sich bestätigt: Er betrachtet den Kauf von Leuna und Minol unter Gewinnung hoher EU-Subventionen als „Kickback an Elf-Manager". Holzer habe seine Provision zum Teil privat an die Elf-Bosse zurückgezahlt.[16] Holzers Partner als Elf-Lobbyist, Pierre Léthier, sagt bereits während des Verfahrens in Paris im Jahr 2000, dass es Teil der Strategie gewesen sei, Gerüchte über bestochene CDU-Politiker zu streuen, um von den Kickback-Zahlungen abzulenken.[17]

Doch Generalstaatsanwalt Linden schürt die Spekulationen rund um den Fall Leuna erneut durch seine Aussage nach der endgültigen Einstellung der Ermittlungen 2004: „Dass bei manchen in der Politik und auch in Teilen der Öffentlichkeit ein flaues Gefühl zurückbleibt, mag sein. Aber wir müssen hier die Ebenen genau trennen. Wenn wir als Staatsanwälte keinen hinreichenden Tatverdacht für eine Straftat sehen, heißt das nicht, dass ein Vorgang politisch in Ordnung ist. Aber darüber hat die Staatsanwaltschaft nicht zu befinden."[18]

Anmerkungen

1 Vgl. www.infraleuna.de/standort-leuna/tradition, abgerufen am 27.4.2015.
2 Steffi Schweizer: Minol – Hauptsache Benzin, Berlin 2004.
3 Knut Holm: Der Leuna-Coup, Berlin 2000.
4 Der Spiegel, 28.2.1994, „Böse Blamage in Leuna".
5 Dirk Laabs: Der deutsche Goldrausch: Die wahre Geschichte der Treuhand, München 2012, S. 310 f.
6 Ebd., S. 317.
7 Ebd., S. 334.
8 Vgl. www.infraleuna.de/standort-leuna/daten-und-fakten, abgerufen am 27.4.2015.
9 Laabs, 2012, S. 334.

10 www.web.archive.org, Dokumente von Zeit.de, Bericht über Ermittlungen zum Aktenbestand des Bundeskanzleramtes zu ausgewählten Sachbereichen, 21.6.2000, abgerufen am 13.4.2015.

11 Süddeutsche Zeitung (SZ), 11. Mai 2010, „Gerüchte statt Beweise".

12 Spiegel Online, 25.12.2010, „Pfahls soll Millionen vor Gläubigern verheimlicht haben", abgerufen am 27.4.2015.

13 SZ, 11.5.2010, Gerüchte.

14 Die Zeit, 5. Juli 2001, „Aus Mangel an Courage".

15 Saarbrücker Zeitung, 4.3.2009, „Lobbyist Dieter Holzer hat Haft angetreten".

16 SZ, 11.5.2010, Gerüchte.

17 Laabs, 2012, S. 336.

18 Die Zeit, 19.2.2004, „Daten gelöscht, Verfahren eingestellt" .

Kapitel X

GELINKTE BAUERN: WIE AUS DEN LPGS PRIVATE GROSSBETRIEBE WURDEN

Viele große Deals werden in der Wendezeit bei der Abwicklung der landwirtschaftlichen Produktionsgenossenschaften (LPG) geschlossen. Meist zwischen deren Vorsitzenden, die nun gern eine Agrargenossenschaft aus dem vorhandenen LPG-Vermögen gründen wollen, und Beratern aus Westdeutschland, die ihnen helfen, dieses möglichst kleinzurechnen. So muss den Genossenschaftsbauern nur ein Bruchteil des ihnen eigentlich zustehenden Anteils ausgezahlt werden. Für diese Beratung fließen bis zu sechsstellige Honorare. Einer, der auf der anderen Seite steht, ist Dr. Werner Kuchs. Der gebürtige Sachse vertritt als Rechtsbeistand in fast 600 Fällen Genossenschaftsbauern überall in der ehemaligen DDR – und sorgt für Millionenauszahlungen.

Die LPGs in der DDR

Die LPGs bestehen seit 1952 in der DDR, zunächst als freiwilliger Zusammenschluss zwischen Bauern zu einer Produktionseinheit, ab 1960 durch die Zwangskollektivierung verpflichtend. Weil die nach der Bodenreform 1946 vielen (zu) kleinen Schollen allein kaum bewirtschaftet werden können, bilden sich zum Teil riesige, gemeinsam genutzte Flächen. Der LPG-Typ III, der sowohl Land (Typ I) als auch Maschinen (Typ II) und Vieh unter sich vereint, wird zur dominierenden Variante in der DDR. 1970, nach einer Welle von LPG-Zusammen-schlüssen, existieren mehr als 9.000 der Genossenschaften im Arbei-ter- und Bauernstaat. Deren Feldproduktion wiederum wird in den Kooperativen Abteilungen Pflanzenproduktion (KAP) zusammen-gefasst. Diese umfassen teilweise ihren gesamten Landkreis. 1989 sind noch rund 3.800 LPGs übrig. Deren Vorsitzende haben großen Einfluss – nicht nur in ihrem Betrieb, sondern zugleich in vielen Dör-fern und Kleinstädten einer Region, die zu ihrem Einzugsbereich ge-hören. Ganze Orte leben oft von einer LPG. Zwar wird der Vorsitzende offiziell demokratisch gewählt und werden auch Fragen den Betrieb betreffend in einer Mitgliederversammlung beraten, doch faktisch setzt vielerorts die SED die gewünschten Betriebsleiter ein, um die Kontrolle zu behalten. Diese sind nach dem Mauerfall schnell dabei, aus einzelnen LPGs Agrargenossenschaften zu gründen. Nur wenige kleine Genossenschaftsbauern werden als Wiedereinrichter selbst-ständig.[1]

Vom Heimatdorf in den ganzen Osten

Für viele Bauern in Ostdeutschland ist Werner Kuchs noch heute ein „guter Wessi". Er hat ihnen geholfen, zu bekommen, was ihnen zu-steht. Dabei ist der heute 79-Jährige gar kein „echter Wessi". 1936 in Erlbach-Kirchberg im Erzgebirge geboren und auf dem mütterlichen Bauernhof aufgewachsen, zieht es ihn 1956 allein in den Westen. Die Familie, Vater, Mutter und zwei Schwestern, bleibt in Sachsen. Über Düsseldorf und Darmstadt kommt Kuchs nach Baden-Württemberg, wo er bis heute lebt. Dort absolviert er sein Studium, promoviert so-gar in der Wirtschaftslehre und wird bald selbstständiger Buchprüfer und Rechtsbeistand. Den Kontakt in die Heimat verliert er aber nie. Mindestens alle drei Jahre besucht er die Mutter auf ihrem Hof, so auch 1990, als in Erlbach-Kirchberg der Kampf zwischen LPG und Einzelbauern um die Auszahlung ihrer Anteile begonnen hat. „Ich kam nach Hause und da kamen meine Mutter und meine Schwestern schon zu mir und sagten, der Werner kennt sich aus, der muss uns helfen", erinnert sich Kuchs.[2] So wird seine Mutter seine erste Mandantin auf einem für ihn bis dato weitgehend unbekannten Gebiet. So kurz nach dem Mauerfall gestalten sich die Verhandlungen noch recht einfach. „Ich habe mich mit dem LPG-Vorsitzenden außergerichtlich geeinigt und er hat meiner Mutter dann schnell einiges

Die Treuhand-Abteilung „Rekonstruktion" bei der Arbeit...

bezahlt", berichtet Kuchs. Auch bei einer der Schwestern lassen sich die Probleme noch ohne Gerichtsprozess aus der Welt schaffen. „Aber als es so richtig losging, haben die LPGs gemerkt, dass die Auszahlung richtig Vermögen kostet", sagt Kuchs.

Schnell kommen sie auf eine einfache Lösung, um die Auszahlungen gering zu halten: Das Vermögen der LPG, aus der nun eine Agrargenossenschaft werden soll, wird kleiner gemacht, als es ist. Tiere, Maschinen, Landbesitz – alles plötzlich kaum noch etwas wert. „Viele Betriebe hatten ja mehr als 1.000 Kühe. Die wurden dann nur noch mit 100 bis 200 D-Mark pro Tier veranschlagt, statt mit 1.200 bis 2.000, wie es realistisch gewesen wäre", erzählt Kuchs von Fällen in Eisenach und Jena. Die auf den vielen Hektar Land wachsende Ernte wird oft gar nicht einbezogen. So wird aus einer millionenschweren LPG schnell eine offiziell arme Genossenschaft.

Hilfe bekommen die neuen Großbauern von Verantwortlichen der Bauernverbände und Kreisverwaltungen, mit denen sie zum Teil seit Jahrzehnten zusammenarbeiten. Die alten Seilschaften halten oft bis heute. Es werden Gutachter bestellt, die das geringe Vermögen des eigenen Betriebs bestätigen. „Die Klüngelei war ganz schlimm. Es ist unglaublich, was sich da abgespielt hat. Damals ist bei vielen Leuten im Osten das Vertrauen in die Menschen und in den Staat weggebrochen. Das wirkt bis heute nach", meint Kuchs.

Findige Anwälte und Unternehmensberater aus Westdeutschland tragen dazu bei: Sie sind im Osten unterwegs und bieten ihre Beratungsdienste an. Die bis zu sechsstelligen Honorare können sich große LPGs dank der „Einsparungen" bei den Auszahlungen leisten. Die Bauern bekommen oft nur zwischen fünf und 20 Prozent ihres eigentlichen Anteils ausgezahlt. „Zu Anfang blieben die Betriebsleiter ganz freundlich und korrekt und meinten, sie hätten nicht genug Vermögen, um alle auszuzahlen und müssten dann die Liquidation anmelden", berichtet Kuchs. So wie Fritz Ullrich, Vorstandsvorsitzender der Lausitzer Hügelland Agrar AG, der sich 1995 genau mit dieser Begründung noch immer weigert, die Mitglieder der aufgelösten LPG Oberlichtenau auszuzahlen.[3]

In Sachsen vertritt Kuchs ein Dutzend Bauern gegen die Agrargenossenschaft Grünlichtenberg unter Leitung von Artur Walda. Der Landwirt hatte schon zu DDR-Zeiten die LPG mit einer Ausdehnung auf 14 Dörfer unter sich und wurde hinter vorgehaltener Hand „sächsischer Stalin" genannt. Jetzt hat er mit dem neuen Betrieb 5.500 Hektar unter sich, will die Bauern aber mit Taschengeld abspeisen. Mit ihm trifft sich Kuchs vor dem Landwirtschaftsgericht Chemnitz und erreicht trotz Waldas Einfluss als Mitglied im Vorstand des Landesbauernverbandes Sachsen die Auszahlung von mehr als einer halben Million D-Mark an seine Mandanten. Der Rest der Bauern wird allerdings mit wenigen Tausend Euro abgespeist. Walda bleibt trotz mehrerer Verfahren und drei Verurteilungen wegen Subventionsbetruges[4] bis zu seinem Tod im August 2014 Vorstandsvorsitzender der Grünlichtenberger Agrargenossenschaft.

„Das große Manko war das Landwirtschaftsanpassungsgesetz vom damaligen Innenminister Wolfgang Schäuble (CDU): Dort wurde zwar reingeschrieben, was den Bauern zustand, aber es wurde vom Staat nicht durchgesetzt, sondern auf den Rechtsweg verwiesen", erklärt Kuchs. Den wollen aber viele Bauern nicht gehen. Denn ein Rechtsstreit mit dem jeweils größten landwirtschaftlichen Arbeitgeber in der Region ist bei den genossenschaftlichen Nachbarn oft nicht gut gelitten. Das Argument vieler Betriebsleiter, die Klagen von Einzelbauern auf Auszahlung ihrer Anteile gefährde das Bestehen des Betriebs und damit von Arbeitsplätzen, zieht bei vielen Bauern. „Wer nicht zum Gericht ging, hatte Pech. Aber das wollten die Leute auch nicht, denn man wurde beim Einkaufen angepöbelt und sogar sonntags in der Kirche gemieden. Man konnte sich im Dorf nicht mehr sehen lassen", erzählt Kuchs aus seinen Erfahrungen. Außerdem setzen einige Betriebe die Bauern, die jetzt als Angestellte für sie arbeiten, unter Druck. „Da hieß es, wenn wir das zahlen müssen, verliert ihr euren Arbeitsplatz", sagt Kuchs.

Er veröffentlicht seine Fälle nicht nur in Fachzeitschriften, auch Magazinen wie dem *Spiegel* schickt er viele Hintergrundgeschichten. Das Hamburger Blatt greift das Thema 1995 auf und besucht einige Betroffene vor Ort. Die Recherche bestätigt Kuchs' Erlebnisse. Berichtet wird aus dem Dorf Ostro südlich von Hoyerswerda, wo die Leiter der LPG „1. Mai" Kaschwitz 1.400 Kühe abgewertet und neue Maschinen abgeschrieben haben. 256 Kühe und Schweine sind angeblich nach Polen und Russland exportiert worden. Belege? Fehlanzeige.

Helmut Born, der Generalsekretär des Deutschen Bauernverbandes, sieht damals nur Einzelfälle. Der Präsident des Konkurrenzverbandes Deutscher Landbund, Dieter Tanneberger, der vor allem die Kleinbauern vertritt, bezeichnet die Praxis als flächendeckende Bilanzfälschung. Teilweise geht es um mehrere Millionen Euro, die nicht wie per Gesetz vorgeschrieben in die Taschen der Bauern wandern, sondern in die neu gegründeten Agrargenossenschaften. Deren Geschäftsführer sind die früheren LPG-Betriebsleiter, die sich mit dem Aufschwung der ostdeutschen Landwirtschaft in den 1990er-Jahren eine goldene Nase verdienen.

Beispiel Schönau bei Görlitz nahe der polnischen Grenze: Hier schließen sich nach der Wiedervereinigung die LPG Pflanzenproduktion Schönau, die LPG „Karl Marx" Tierproduktion Schönau und die benachbarte LPG „Vorwärts" Kiesdorf zusammen. Als das Landwirtschaftsanpassungsgesetz kommt, löst sich die LPG mit einem Vermögen von 82 Millionen D-Mark, davon 14 Millionen als Bankguthaben, auf. Das Kapital wird in der frisierten Bilanz auf 52 Millionen D-Mark gedrückt und landet schließlich im neu gegründeten Eigensche Agrargesellschaft e. V. Zur Verwaltung des Vermögens wird die Eigensche Verwaltungs- und Dienstleistungsgesellschaft als GmbH gegründet.

Darin sind die vormaligen LPG-Chefs geschäftsführende Gesellschafter, im Verein die Vorstände und zugleich Liquidatoren der eigenen LPG, aus der nun für die Bauern nichts mehr zu holen ist. Mit diesem selbst kontrollierten Konstrukt bauen die neuen alten Mächtigen in Schönau ihre Großbetriebe auf, holen sich nach Belieben Kredite aus der GmbH, die das Geld aus dem Verein zieht.

Einen einfacheren Weg beschreiten LPG-Vorsitzende wie die in Großdrebnitz bei Bautzen in Sachsen: Sie lösen ihre LPG auf und gründen als Rechtsnachfolger die Agro-Union-Produktions GmbH & Co. KG. Dies ist aber für liquidierte Unternehmen rein rechtlich gar nicht möglich. Das Vermögen der alten LPG landet trotzdem auf dem neuen Firmenkonto – ein juristischer Trick namens „übertragende Umwandlung" macht's möglich. In der Bilanz der LPG im sächsischen Neiden tauchen u. a. 430.000 D-Mark „ungewisse Verbindlichkeiten" auf – eine erfundene Schuldenlast. Ställe und Gebäude werden laut *Spiegel*-Bericht mit nur einem Drittel des Verkehrswertes angegeben, die Rückstellungen für Sanierungen und Altlasten viel zu hoch angesetzt und das Vieh mit 150 D-Mark pro Kalb und 210 D-Mark pro Zuchtsau viel zu niedrig. So sinkt das Vermögen um ganze sechs Millionen D-Mark. Recherchen der Länderministerien ergeben, dass in Thüringen jede dritte Bilanz grobe Verstöße enthält, in Sachsen jede zweite und in Brandenburg jede vierte, womit man unter den neuen Ländern noch am besten dasteht. Der Landbund vermutet allerdings zu dieser Zeit, dass mehr als 80 Prozent aller Bilanzen gefälscht sind.

Die Ex-LPG-Leitungskader übernehmen bis 1995 fast 60 Prozent der ostdeutschen Äcker und Wiesen. Nur etwa ein Fünftel des Bodens geht an kleinere Wiedereinrichter, weitere zehn Prozent an „Neueinrichter" – ebenfalls Ex-LPG-Chefs, die neue Privatbetriebe eröffnen. Der Landbund schätzt zu dieser Zeit, dass Werte für rund 20 Milliarden D-Mark widerrechtlich an die sogenannten „Roten Junker" gegangen sind. Aus 3.800 LPGs werden 2.800 Nachfolgebetriebe, fast immer geleitet von ihren vorherigen Chefs; 80 Prozent des ostdeutschen Viehs und zwei Drittel des landwirtschaftlichen Bodens stehen unter ihrer Kontrolle. Im Durchschnitt verfügt ein Betrieb über mehr als 1.700 Hektar Land – deutlich mehr als in Westdeutschland. Das bedeutet wirtschaftliches Arbeiten, höhere Erträge und mehr Subventionen.[5]

Beliebt und angefeindet

Der Rechtsbeistand Werner Kuchs selbst wird schnell im ganzen Osten gefragter Vertreter in diesen Fragen. Muss er sich zu Beginn erst ins Thema einlesen, ist er bald Fachmann auf dem Gebiet. „Es kannte sich ja keiner damit aus zu dieser Zeit", sagt Kuchs. Es spricht sich herum, dass er den Bauern helfen kann. Fast 600 Fälle übernimmt er – der letzte wird erst im Jahr 2013 abgeschlossen. Neben den Reisestrapazen besonders in der Anfangszeit wird die Arbeit, die ihn zwei Jahrzehnte lang beschäftigt, zur psychischen Belastungsprobe. Einschüchterungsversuche gibt es zuhauf. „Es kamen anonyme Telefonanrufe mit Morddrohungen. Da bin ich sehr schnell vorsichtig geworden. Beim Autofahren nahm ich immer andere Strecken, nicht immer nur über Hof (ehem. Grenzübergang von Bayern nach Sachsen, Anm. d. A.). Wenn ich irgendwo übernachten musste, ließ ich nie das Auto draußen stehen, nachdem mir einmal die Reifen zerstochen worden waren", berichtet er. Und die Stimmung sei noch heute schlecht. Vor zwei Jahren war er das letzte Mal in der Heimat. Eine Schwester lebt noch immer im Erzgebirge, auch einige Nichten. Doch es zieht den Ruheständler nicht mehr so oft in die Gegend. Von einigen werde er immer noch sehr freundlich begrüßt, von anderen immer noch nicht. Das Thema Anteilsauszahlungen sei im Jahr 2015 weitgehend abgehakt, sagt Werner Kuchs. „Ich war jedenfalls froh, als alle meine Fälle geschlossen waren." Doch trotz seines Engagements, sagt Kuchs, haben die einst zwangskollektivierten Bauern und ihre Erben flächendeckend nur etwa 25 Prozent ihres Eigenkapitalanspruchs von den vormaligen LPG-Betrieben erhalten.

Großbauernstaat Ostdeutschland

Die Strukturen, die nach 1990 auf dem Gebiet der ehemaligen DDR geschaffen werden, haben sich bis heute zementiert. Ein Blick auf die agrarische Landkarte zeigt, dass sich im Vergleich zum Arbeiter- und Bauernstaat wenig verändert hat. Noch heute bewirtschaften die LPG-Nachfolger rund die Hälfte der landwirtschaftlichen Nutzfläche in den neuen Ländern. Deutlich größer sind die Einzelbetriebe als in Westdeutschland und dadurch wettbewerbsfähiger. Während im Westen der Anteil der Betriebe mit mehr als 50 Hektar Fläche bei durchschnittlich 50 bis 70 Prozent liegt, sind es in den neuen Ländern fast durchweg mehr als 90 Prozent. Der Trend zu weniger Betrieben mit mehr Fläche hat sich in 25 Jahren sogar noch verstärkt. Durchschnittlich um drei Prozent pro Jahr sinkt die Zahl der Landwirtschaftsbetriebe. Hauptsächlich kleinere Höfe unter 75 Hektar geben auf, weil sie im Konzert der Großen nicht wirtschaftlich genug mitspielen können oder die Hofnachfolge nicht gesichert ist. Sich zu vergrößern, ist schwierig, weil zu verpachtendes oder zu verkaufendes Land zu besseren Preisen von den Großbetrieben übernommen wird, die zudem nach wie vor die besseren Verbindungen in die entscheidenden Stellen haben.

Die Konzentration der Landwirtschaft in Großbetrieben ist zudem mit der Auflösung der Zollschranken und der Währungsunion innerhalb der Europäischen Union notwendig geworden, um wettbewerbsfähig zu bleiben. Doch dadurch sinkt auch die Zahl der Arbeitsplätze im ländlichen Raum. Eine regelrechte Landflucht ist in Ostdeutschland seit der Wiedervereinigung zu beobachten. Die sinkenden Jobchancen in der Landwirtschaft machen den ländlichen Raum unattraktiv für junge Leute, von denen ohnehin ein großer Teil zu Ausbildung und Studium in die Städte zieht und nicht zurückkehrt. Eine Abwanderung nach Westdeutschland ist laut Statistischem Bundesamt aber seit 2013 nicht mehr messbar. Stattdessen hat sich die Wanderungsbewegung grundsätzlich verlagert – vom Land in die Großstadt.[6]

Anmerkungen

1 Jens Schöne: Die Landwirtschaft der DDR 1945–1990, Landeszentrale für politische Bildung Thüringen, 2005, S. 38 und 65–66.
2 Dieses und alle folgenden Zitate von Werner Kuchs entstammen einem Gespräch vom 26.2.2015.
3 Der Spiegel, 12.6.1995, „Belogen und betrogen".
4 Sächsische Zeitung, 27.11.2013, „Landgericht verurteilt Unternehmer wegen Subventionsbetrugs".
5 Der Spiegel, 12.6.1995, Belogen.
6 Bundesministerium für Ernährung, Landwirtschaft und Verbraucherschutz: Nationaler Strategieplan der Bundesrepublik Deutschland für die Entwicklung ländlicher Räume 2007–2013, aktualisierte Auflage 2011.

Kapitel XI

EXPLOSIVER STREIT: DER GASKRIEG UM DAS VNG-NETZ

Mit dem Mauerfall wird die DDR zugleich bedeutender Markt und Durchgangsstation für Erdgaslieferanten in Ost- und Westeuropa. Die aus dem Staatsmonopol hervorgegangene Verbundnetz Gas AG (VNG) gerät mitten in einen Gaskrieg der Konkurrenten BASF/Wintershall und Ruhrgas AG. Beide wollen nicht nur in Deutschland, sondern auch in benachbarten Ländern Gas liefern. Der Streit wird auf dem Rücken der Verbraucher ausgetragen, mehrfach geraten die Diplomaten zwischen Bonn und Moskau ins Schwitzen, bis langfristig eine Lösung gefunden wird. Heute ist VNG der einzige börsennotierte Konzern des Ostens – mit 10 Kommunen als Mitbesitzern.

Gasversorgung im geteilten Deutschland

Die Bundesrepublik deckt ihren Erdgasbedarf bis 1973 knapp zur Hälfte aus heimischer Förderung, der Rest kommt überwiegend aus den Niederlanden. Dann fließt das erste russische Erdgas über die tschechische Grenze bei Waidhaus in Bayern nach Westdeutschland. Die Ruhrgas AG bezieht es ins eigene Netz. Bis 1989 steigt der Anteil des russischen Gases am Gesamtverbrauch auf 30 Prozent.

Noch wichtiger wird die Sowjetunion für die DDR: Auch hier beginnt 1973 der Erdgasimport und steigt bis zum Mauerfall auf acht Milliarden Kubikmeter jährlich. Das Gas wird hauptsächlich für die Industrie verwendet. Die DDR-Haushalte kochen mit Kokereigas aus dem Kombinat Schwarze Pumpe in Schwedt. Der VEB Verbundnetz Gas (VNG) betreibt das Transportnetz in der DDR ab 1969 als Monopolist, Vertragspartner für die sowjetischen Lieferanten ist jedoch der Staat selbst. Als dieser am 3. Oktober 1990 verschwindet, will der westdeutsche Energiekonzern Ruhrgas aus Essen (heute: E.On Ruhrgas) an seine Stelle treten. Die VNG ist schon seit 1. März 1990 der Treuhandanstalt übergeben worden. Am 29. Juni wird sie als Verbundnetz Gas AG in eine Aktiengesellschaft umgewandelt – bis heute die einzige mit Sitz in den neuen Bundesländern (Leipzig). Der langjährige Hauptabteilungsleiter Klaus-Ewald Holst ist maßgeblich an der Umwandlung beteiligt und wird erster Vorstandsvorsitzender des Unternehmens. Die Essener Ruhrgas AG als größter deutscher Ferngasunternehmer ist bereit, der Großaktionär des Ostkonzerns zu werden und sich den ostdeutschen Markt zu sichern. Doch es entbrennt ein Gaskrieg mit einem Konzern, der bis dato nur als Gasverbraucher in Erscheinung getreten war.[1]

Kampf zwischen Ruhrgas und BASF

Der Chemiekonzern BASF will das Preisdiktat für Erdgas durch die Ruhrgas AG brechen und sucht schon länger nach Wegen einer eigenen Versorgung. BASF-Konzernchef Jürgen Strube bezieht mehr als zwei Milliarden Kubikmeter Ferngas pro Jahr von Ruhrgas und zahlt aus seiner Sicht viel zu viel dafür. Doch Ruhrgas-Chef Klaus Liesen will sich mit 70 Prozent Marktanteil in Westdeutschland im Rücken auf eine Preissenkung nicht einlassen. BASF verfolgt daher schon vor dem Mauerfall Pläne zur eigenen Gasversorgung.[2] Die Unternehmenstochter Wintershall AG ist zwar als Bergbau-Unternehmen an der Förderung in Westdeutschland beteiligt, jedoch wird der Bedarf von BASF dadurch nicht gedeckt. In den 1980er-Jahren will BASF eine eigene Pipeline vom Konzernsitz in Ludwigshafen bis zur Nordsee-küste nach Emden bauen, um sich an die norwegische Versorgung mit Nordseegas anzukoppeln. Dadurch würde man ein ernst zu neh-mender Konkurrent der Essener. Denn nicht nur der Eigenbedarf könnte mit der für acht Milliarden Kubikmeter jährlich ausgelegten Leitung gedeckt werden. Doch die Norweger wollen es sich nicht mit Großabnehmer Ruhrgas verscherzen und lehnen eine Zusammenar-beit zunächst ab.[3] Mit dem Zusammenbruch der DDR bieten sich für BASF aber ganz neue Möglichkeiten. Denn die VNG als Besitzer des Gasnetzes im Osten bietet sich als interessanter Partner an. Wer sie beliefert und kontrolliert, der kontrolliert das ganze Gasgeschäft in Ostdeutschland.[4]

Mit dem größten russischen Erdgaslieferanten Gazprom schließt das BASF-Tochterunternehmen Wintershall am 26. September 1990 eine Liefervereinbarung. Die Russen fürchten keine Beleidigung der Ruhrgas-Manager. Sie wollen eher die beiden deutschen Konkurren-ten zu ihren Gunsten gegeneinander ausspielen. Am Jahrestag des Mauerfalls, am 9. November 1990, gründen die beiden Firmen das Gemeinschaftsprojekt Wintershall Erdgas Handelshaus GmbH (WIEH), wobei Wintershall die knappe Mehrheit mit 51 Prozent behält. Zwei-einhalb Wochen später wird zwischen der WIEH und Gazprom ein Lie-fervertrag über jährlich 5,8 Milliarden Kubikmeter Erdgas geschlos-sen, um die neuen Bundesländer zu versorgen.[5]

Damit hat BASF auf einen Schlag das Monopol auf Gas aus Russ-land für die neuen Länder und einen bedeutenden Marktanteil in Deutschland erlangt. Allerdings kann WIEH nicht die Preise für die gesamte Menge bestimmen, denn alte Lieferverträge mit der DDR behalten ihre Gültigkeit. Die Gasmenge für den Osten Deutschlands setzt sich aus drei Teilen zusammen: 1,5 Milliarden Kubikmeter Erd-gas pro Jahr bezieht die Bundesrepublik als Rechtsnachfolger der DDR wie einst vertraglich vereinbart und verkauft es zu dem Preis an die

VNG, den auch Ruhrgas zur Versorgung der alten Bundesländer zahlt (Waidhaus-Preis, benannt nach der Gasübergabestation Waidhaus an deutsch-tschechischer Grenze).

Weitere 2,8 Milliarden Kubikmeter – ebenfalls nach einem alten Liefervertrag der DDR – bezieht die WIEH direkt von den Russen und darf hier auch selbst den Preis bestimmen. Darüber hinaus ist eine zusätzliche Menge von 1,5 Milliarden Kubikmetern vereinbart, für die der Waidhaus-Preis ebenfalls keine Gültigkeit hat.[6]

Damit hat die WIEH die Preishoheit über knapp drei Viertel der Gaslieferungen ins VNG-Netz und will der Treuhand mit diesem Pfund in der Hand 25,1 Prozent der VNG-Aktien abkaufen.[7] Gazprom verlangt 20 Prozent, sodass man Ruhrgas und deren Aktionär BEB mit insgesamt 45 Prozent ebenbürtig wäre.

Denn die Verteilung der Anteile hat bereits begonnen: Ruhrgas ist für rund 350 Millionen D-Mark schon mit 35 Prozent eingestiegen und damit größter Einzelaktionär.[8] In Böhlitz-Ehrenberg bei Leipzig gründet der Konzern schon im Frühjahr 1990 ein gemeinsames Unternehmen mit der VNG und hat dadurch früh den Fuß in der Tür.[9] Weitere zehn Prozent erhält die BEB Erdgas und Erdöl GmbH – ein Konsortium von Esso und Shell, das ein Viertel an der Ruhrgas AG hält. Damit steigt der Anteil der Essener faktisch auf besagte 45 Prozent.[10] Wintershall erhält aber nur 15, Gazprom gerade noch fünf Prozent, weil auch die ausländischen Interessenten British Gas (Großbritannien), Statoil (Norwegen) und Elf (Frankreich) je fünf Prozent bekommen sollen. Die restlichen 15 Prozent der Anteile erhalten 14 kommunale Eigner.[11]

Die ostdeutschen Städte wollen sich mit der Erlaubnis der Treuhand den Kauf der VNG-Aktien allerdings aus Geldnot von Ruhrgas vorfinanzieren lassen. Die städtischen Anteile werden in der VNG Verbundnetz Gas Verwaltungs- und Beteiligungsgesellschaft mbH mit Sitz in Erfurt gebündelt, welcher Ruhrgas das Darlehen zum

Aktienkauf überlässt. Und nicht nur das: Den fälligen Zins will Ruhrgas sogar stunden, um die Kommunen so lange zu entlasten, bis die Gewinne aus VNG fließen. Dadurch wären die Städte Ruhrgas verpflichtet, argwöhnt das Bundeskartellamt, und die Essener hätten bei der Geschäftspolitik der VNG das Sagen, obwohl die WIEH das Gas einspeist.[12]

„Gaskrieg" um Ostdeutschland

Mit diesen Voraussetzungen ist ein Streit zwischen den beiden Versorgern vorprogrammiert. Die VNG als Monopolist im Osten ist dabei nicht das alleinige Ziel der Großkonzerne. Hier wird ein Stellvertreterkrieg ausgetragen. Denn über die Ruhrgas-dominierte VNG und die BASF-geführte WIEH werden die Pfründe des deutschen und europäischen Gasmarktes für die nächsten Jahrzehnte verteilt.

Im Oktober 1991 entbrennt ein offener, damals von den Medien als „Gaskrieg" bezeichneter Disput. Den fehlenden Einfluss über Unternehmensanteile will die WIEH über ein Preisdiktat wettmachen. Das Ziel: eine zu Ruhrgas ebenbürtige Aktienbeteiligung an VNG. Allerdings greift die Drohung, andernfalls direkt an Großabnehmer der ostdeutschen Wirtschaft zu liefern, zu kurz. Denn ohne das Netz der VNG ist das nicht möglich.[13] So sieht sich WIEH zu schärferem Vorgehen gezwungen. Sie erhöht die Preise für ihren Teil am Gazprom-Gas für die VNG, die der Ostkonzern aber nicht zahlen will. Die WIEH reagiert mit erstem Druck und kürzt die Lieferungen des freien 1,5-Milliarden-Kubikmeter-Anteils.

Ruhrgas und VNG versuchen dies durch eine Dramatisierung zu kontern. Seine Untertagespeicher müsse VNG anzapfen, um die Versorgung im Winter 1991/92 zu gewährleisten, heißt es. Zunächst 20, später 40 Prozent weniger Gas liefert WIEH, lässt die VNG per

Presseerklärung mitteilen. Und tatsächlich geht in der Bevölkerung die Befürchtung um, dass viele Ostdeutsche zu Weihnachten frieren müssen.[14] Dabei ist die Versorgung der Ostdeutschen überhaupt nicht gefährdet. Selbst bei einer Kürzung von 40 Prozent im kleineren WIEH-Gasanteil würden von der gesamten Erdgasmenge noch immer fast 90 Prozent wie vorgesehen ins VNG-Netz fließen.

Anfang Dezember 1991 erhöht die WIEH den Druck und kündigt an, die zusätzlichen Gaslieferungen bis Jahresende gänzlich einzustellen, falls sich VNG weiterhin weigere, die neuen Preise zu zahlen. Wieder erfolgt die Antwort auf medialem Wege: Mit Ruhrgas im Rücken antwortet VNG in einer Anzeigenkampagne mit einem offenen Brief an die Vorstände von BASF und Wintershall. Darin wirft sie dem Versorger unvertretbare Preisforderungen und schwere Versorgungsstörungen in Ostdeutschland vor. Zugleich droht sie mit dem Gang nach Bonn, wo die Bundesregierung auf Antrag das Recht hat, eine Notlastverteilung einzurichten.[15]

Tatsächlich gibt es Kritik an den erhöhten Preisforderungen der WIEH. Denn dadurch wird das Gas im Osten teurer eingekauft als in den alten Bundesländern. Zwanzig Prozent über dem Waidhaus-Preis liegen die Forderungen, erklärt VNG. Zwar sind die Transitkosten durch die SFR höher, doch ein beträchtlicher Teil der Erhöhung landet als Provision bei WIEH – 85 Prozent davon bekommt Gazprom, den Rest Wintershall. Mit diesem Köder habe Wintershall überhaupt die Tür ins Gasgeschäft mit den Russen geöffnet. Der Wettbewerb in Deutschland, der eigentlich durch den neuen Ruhrgas-Konkurrenten BASF aufkommen sollte, findet im Osten deswegen nicht statt. Stattdessen steigen die Preise. VNG-Vorstandschef Klaus-Ewald Holst pocht darauf, dass der Aufschwung Ost dadurch gefährdet sei. Allerdings, kontert BASF, habe die VNG bereits am 24. Oktober 1990 selbst den Russen per Fernschreiben einen Vorschlag für den neuen Bezugspreis gemacht, der knapp 20 Prozent über dem Waidhaus-Preis gelegen habe. Daher sei die VNG für die höheren Preise selbst verantwortlich. Dabei betrüge die reale Preissteigerung beim damals günstigen Erdgas nur 0,3 Pfennige pro Kilowattstunde, was kaum eine Gefährdung der ostdeutschen Wirtschaft darstellen konnte.

Unternehmen-West trifft Unternehmen-Ost...

So gehen die Schuldzuweisungen hin und her. Derweil zahlt VNG weiter nur den Waidhaus-Preis und hofft, das WIEH und BASF einknicken. Noch kann Ruhrgas aus den eigenen Russlandgasbezügen täglich fünf Millionen Kubikmeter zum Waidhaus-Preis an VNG liefern und damit den Verlust durch WIEH ausgleichen. Doch die Liefermenge ist ungesichert. Kann Ruhrgas seine Kunden im Westen nicht mehr bedienen, fällt die Hilfslieferung in den Osten weg.[16]

Bevor der Streit eskaliert, unterbreitet das Bundeskartellamt kurz vor den Feiertagen einen Kompromissvorschlag: Die VNG soll einen geringen Aufschlag auf die bisherigen Gaspreise und für das bereits gelieferte Gas einen Pauschalbetrag zahlen. Der endgültige Preis für das russische Erdgas soll später in einem Schiedsverfahren bestimmt werden. Die von Ruhrgas angebotene Vorfinanzierung der VNG-Anteile der ostdeutschen Kommunen soll zudem an die Bayerische Landesbank abgegeben werden, sodass der Einfluss von Ruhrgas beschränkt wird. Beide Seiten akzeptieren den Vorschlag, doch mehr als ein Burgfrieden wird daraus nicht.[17]

Denn die Konzerne verfolgen weiter ihr Ziel der Marktmacht über das ostdeutsche Gasnetz und darüber hinaus. Dafür wird unermüdlich gebaut: Die BEB GmbH arbeitet schon länger an einer neuen Pipeline mit 165 Kilometern Länge, mit der Ruhrgas an das VNG-Netz angeschlossen werden soll. Noch vor dem Winter 1992 soll die Verbindung nutzbar sein und zwei Milliarden Kubikmeter jährlich liefern.[18] Auf der anderen Seite lässt die WIEH seit Oktober 1991 eine 320 Kilometer lange Leitung durch Thüringen und Sachsen – die Sächsisch-thüringische Erdgasleitung (Stegal) – bis zur tschechischen Grenze nach Olbernhau bauen, wo die Erdgas-Übergabestation steht. Im Mai 1992 legt das deutsch-russische Gemeinschaftsprojekt mit dem Baustart der Mittel-Deutschland-Anbindungs-Leitung (Midal) nach. Das Mammutprojekt umfasst eine 700 Kilometer lange Leitung von Süddeutschland an die Nordsee und soll doch noch norwegisches Gas ins eigene Netz bringen. Beide Leitungen sollen zudem miteinander verbunden werden.

Der Streit bricht Ende Januar 1992 zum zweiten Mal offen aus. Der russische Vize-Ministerpräsident Jegor Gaidar unterrichtet im

Vorfeld einer deutsch-russischen Konferenz den bundesdeutschen Wirtschaftsminister Jürgen Möllemann (FDP) in Moskau darüber, dass die Gaslieferungen an VNG ab 1. März eingestellt würden. Bei der eigentlichen Konferenz in Bonn wird der Gasstreit damit erneut zur Staatsangelegenheit. Man einigt sich auf die Fortsetzung der Lieferungen. Über den neuen Preis wird Stillschweigen vereinbart.

Diesmal hält der Frieden länger und ist dennoch nicht von Dauer. Anfang 1994 geht der Streit weiter. Erneut kündigt die WIEH die Einstellung der Gaslieferungen an, diesmal zum 20. Januar. Auslöser sind wieder Preisverhandlungen. Die VNG weigert sich, neue Erhöhungen hinzunehmen. Der Vorwurf der WIEH: Inzwischen sei die Verbundnetz Gas AG unabhängiger von den Lieferungen aus Russland, denn die Pipeline zum Anschluss ans Ruhrgas-Netz ist fertig und versorgt Ostdeutschland nun vom Westen aus. Die VNG-Manager beteuern dagegen, dass die Versorgung durch Ruhrgas keinesfalls ausreiche und es bei einem Lieferstopp aus Russland zu großen Versorgungsschwierigkeiten kommen werde.

Zum dritten Mal schreitet die Politik ein: Das Bundeswirtschaftsministerium wendet sich an das russische Außenministerium und beklagt einen „eklatanten Vertragsverstoß", sollten die Gaslieferungen eingestellt werden. Erst als es auf Messers Schneide steht, einigen sich Vertreter beider Seiten am 19. Januar 1994 bei einer Geheimverhandlung in Moskau. Der Gaspreis steigt im Vergleich zum Kompromiss aus dem Februar 1992 noch einmal an. Diese Lösung beendet den dreijährigen Gaskrieg. Schon zwei Wochen später wird ein langfristiger Liefervertrag zwischen der VNG und der WIEH geschlossen, der 20 Jahre bestehen soll. Bis 1998 nimmt die VNG jährlich 3,5 Milliarden Kubikmeter Erdgas aus Russland ab, danach doppelt so viel. Zudem wird ein Demarkationsvertrag geschlossen, der die jeweiligen Interessenssphären abgrenzt.[19]

Kampf um VNG-Mehrheit geht weiter

Seither hat die Aktienbeteiligung an der VNG eine wechselhafte Geschichte erlebt, die bis heute nicht zu Ende geschrieben ist. Der Konzern hat den Gasstreit zu Beginn seiner Entwicklung unbeschadet überstanden und ist mit konzernweit knapp zehn Milliarden Euro Jahresumsatz und 1.427 Mitarbeitern (Stand: 2015) eine ostdeutsche Erfolgsgeschichte.[20] Dementsprechend hoch ist das Interesse an den Unternehmensanteilen.

Aus den 14 Beteiligungen von ostdeutschen Ländern und Kommunen sind zehn Stadtwerke und kommunale Unternehmen aus Annaberg-Buchholz, Chemnitz, Dresden, Erfurt, Hoyerswerda, Leipzig, Wittenberg, Neubrandenburg, Nordhausen und Rostock geblieben. Sie sind nach wie vor in der VNG Verbundnetz Gas Verwaltungs- und Beteiligungsgesellschaft mit Sitz in Erfurt organisiert. Ihr Anteil beläuft sich aktuell auf 25,79 Prozent,[21] nachdem sie die Anteile von Jena und Halle mit übernommen hatten. Damit verfügen die Kommunen über die notwendige Sperrminorität von 25 Prozent, um die Liquidierung des Unternehmens und Satzungsänderungen sowie die Verlagerung des Konzernsitzes zu verhindern.

Allerdings steht diese Absicherung des Konzerns auf wackeligen Beinen. Denn die Zahl der anderen Aktionäre ist beträchtlich geschrumpft. Nach und nach haben sich die ursprünglichen Anteilseigner aus der VNG verabschiedet. Geblieben ist die seit 1991 beteiligte Gazprom. Anfang 2010 verdoppelt der Erdgaslieferant seinen Anteil auf 10,52 Prozent, indem er die Beteiligung des inzwischen eingestiegenen französischen Energieunternehmens GDF Suez kauft.[22]

Alle anderen Aktien hält heute der niedersächsischen Energieversorger EWE mit 63,69 Prozent. Im März 2014 gibt Wintershall seine über die Jahre unveränderte Beteiligung an der VNG von 15,79 Prozent an den EWE ab, der bis dahin bereits mit 47,9 Prozent größter Anteilseigner gewesen war.[23] Im April 2015 gibt Gazprom bekannt, seine Beteiligung an VNG verkaufen zu wollen. Wenige Tage später verkündet EWE, auch dieses Paket übernehmen zu wollen. Stimmen die Aufsichtsräte von Gazprom und VNG zu, verfügt EWE über 74,2 Prozent der Anteile. Noch ist unklar, ob EWE tatsächlich eine Übernahme anstrebt. Nur knapp ein Prozent fehlt dazu.[24]

Optionen dafür könnte es innerhalb des Bündnisses der Kommunen geben. Schon 2012 hatte Dresden angekündigt, seine Anteile von 6,5 Prozent verkaufen zu wollen, um Geld für Kitas, Schulen und Kulturprojekte zu generieren.[25] Bislang hält die Allianz, an der vor allem die Stadt Leipzig interessiert ist. Inzwischen plant man an der Pleiße die Übernahme der Anteile von EWE mithilfe des australischen Investors Macquarie, um den Konzern auf Dauer in der Stadt zu halten. Denn jedes Jahr bringt VNG Millionen an Gewerbesteuer in die Stadtkasse.[26]

Anmerkungen

1   www.udo-leuschner.de/basiswissen/SB100-09.htm, Udo Leuschner: „Der ‚Gaskrieg‘ zwischen Ruhrgas und BASF", abgerufen am 27.4.2015.
2   Die Zeit, 1.11.1991, „Machtkampf der Monopole".
3   Leuschner, Gaskrieg.
4   Der Spiegel, 17.12.1990, „Mit Gold gefüllt".
5   Leuschner, Gaskrieg.
6   Die Zeit, 1.11.1991, Machtkampf.
7   Leuschner, Gaskrieg.
8   Die Zeit, 1.11.1991, Machtkampf.
9   Der Spiegel, 22.10.1990, „Zu viel gemauschelt".
10 Leuschner, Gaskrieg.
11 Spiegel, 17.12.1990, Gold.
12 Die Zeit, 1.11.1991, Machtkampf.
13 Der Spiegel, 17.12.1990, Gold.
14 Die Zeit, 1.11.1991, Machtkampf.
15 Leuschner, Gaskrieg.

16 Die Zeit, 1.11.1991, Machtkampf.
17 Leuschner, Gaskrieg.
18 Der Spiegel, 22.10.1990, Gemauschelt.
19 Leuschner, Gaskrieg.
20 VNG-Infobroschüre „Leidenschaft für Erdgas", Leipzig 2015, S. 7.
21 Ebd.
22 www.finanznachrichten.de, 29.12.2009, „Gazprom kurz vor Aufstockung bei VNG", abgerufen am 22.4.2015.
23 Leipziger Volkszeitung (LVZ), 19.3.2014, „Energieversorger EWE krallt sich VNG-Mehrheit".
24 Handelsblatt.com, 15.4.2015, „EWE kauft VNG-Anteile von Gazprom", abgerufen am 22.4.2015.
25 LVZ, 26.9.2012, „Dresden will VNG-Anteile veräußern".
26 Handelsblatt.com, 15.4.2015, EWE.

Kapitel XII

PFERDEDIEBE MIT GELDKOFFERN: DIE PRIVATISIERUNG DES GESTÜTS GANSCHOW

Das Gestüt Ganschow bei Güstrow im heutigen Mecklenburg-Vorpommern wird erst 1969 gegründet, hatte also gegenüber den großen staatlichen Gestüten mit langer Tradition einiges aufzuholen.[1] 1971 kommt Friedhelm Mencke als Lehrling nach Ganschow und kehrt nach Armeezeit und Fachschulstudium als Ingenieurpädagoge für Pferdezucht zurück. Er wird stellvertretender Zuchtleiter und beginnt ein Fernstudium zum Diplom-Agraringenieur. Inzwischen hat das Gestüt 670 Pferde und 134 Mitarbeiter. Als die Mauer fällt, ist zunächst lange unklar, was mit dem Gestüt geschehen soll. Im Frühjahr 1991 fährt der Gestütsdirektor zur Zentralstelle für Pferdezucht nach Berlin und erfährt, dass es diese Stelle gar nicht mehr gibt. Stattdessen steht das volkseigene Gestüt Ganschow nun unter der Befugnis der Treuhandanstalt.[2]

Ungeahnte kriminelle Energie

Nach der Einführung der D-Mark als neue Währung am 1. Juli 1990 sind schnell die ersten Interessenten für die Tiere da. Sie wittern wie auch in anderen großen Gestüten im Osten ein gutes Geschäft. Mencke erinnert sich, dass die ersten ausgebildeten Pferde für nur 4.000 D-Mark verkauft werden, da man keine Erfahrungen mit der neuen Währung hat. Deutsche und Holländer sind die Hauptkäufer –

und nehmen die Tiere bei diesen Preisen gleich im halben Dutzend mit. Die Taktik der LPGs ist es, die Pferde zuerst zu verkaufen, da sie im laufenden Betrieb kein Geld bringen, sondern nur kosten. Das nutzen Pferdehändler aus und erwerben Tausende Tiere zu Spottpreisen. Viele Interessenten kommen nach Ganschow und wollen gleich das ganze Gestüt kaufen. Beim drohenden Ausverkauf sehen Mencke und seine Mitstreiter darin eine Chance, den Betrieb als Ganzes zu erhalten.

Ein Investor aus Dortmund taucht gleich mit einem ganzen Koffer voll Geld auf und berichtet, als Fahrzeughändler mehrere Firmen zu besitzen. Zugleich wolle er neben Ganschow so viele andere Gestüte wie möglich übernehmen. Er lädt sie sogar nach Dortmund ein, um glaubhaft zu machen, dass er tatsächlich dieses Kapital und seine Firmen besitzt. Noch während dieses Besuchs wird er allerdings verhaftet. Mencke erfährt, dass der Mann das Gestüt der Treuhand für eine symbolische Mark abluchsen und dann die Pferde verkaufen wollte. Selbst bei einem Stückpreis von 2.500 D-Mark hätte er bei 670 Tieren ein gutes Geschäft gemacht. Erst jetzt geht der Gestütsleitung wirklich auf, welches kriminelle Potenzial hinter einigen Angeboten steckt. Mencke beschließt, das Gestüt selbst zu übernehmen und in eine private Firma zu überführen. Andere Kandidaten gibt es ohnehin nicht. Der Gestütsdirektor ist inzwischen als Landesstallmeister ins bekannte Gestüt Redefin gewechselt, der Rest des Leitungsgremiums will lieber die Finger von einer Übernahme lassen.[3]

Kampf um die Privatisierung

Es ist 1992 und bislang hat Mencke es geschafft, die Hälfte der Tiere zusammenzuhalten. Er will das Management-Buy-out (MBO) nutzen, das die Treuhand allen Betriebsleitern anbietet, die ihren vormalig volkseigenen Betrieb in Eigenregie übernehmen wollen. Noch im selben Jahr reicht Mencke den Antrag ein. Bis zum 1. Juni 1995 dauert es, ehe ihm das Gestüt tatsächlich gehört. Die Jahre dazwischen bezeichnet er als schlimmste Zeit seines Lebens. Die Treuhand, so Menckes Auffassung, tut alles, um ihm die Übernahme zu verweigern. Die Übernahme eines solch großen Betriebs ohne Eigenkapital ist sehr risikoreich. Die Preise sind zudem seit den Grenzöffnungen im Keller. Osteuropäische Pferde überschwemmen den Markt von ohnehin rund 800.000 Tieren in Deutschland. Menckes Vorteil: Er hat einen fachkundigen Geschäftspartner mit Jürgen Harnack, dem früheren Präsidenten des Pferdezuchtverbandes Mecklenburg-Vorpommern. Und: Er kennt alle der damals 320 gehaltenen Pferde sehr genau und damit auch deren Wert. Nur in dieser Größe kann das Gestüt auch in der Privatwirtschaft überleben.

Doch bis dahin ist es ein steiniger Weg. Eine Überprüfung auf Mitarbeit im Ministerium für Staatssicherheit macht den Anfang. Die übersteht Mencke problemlos. Doch es geht weiter. Die Treuhand verlangt immer neue Privatisierungskonzepte, will die Übernahmekonditionen für den Zuchtleiter unmöglich gestalten. Unter anderem verlangt sie den Verkauf der Pferde und die Hälfte des Erlöses – ein Todesurteil für das Gestüt. Mit Geduld und Verhandlungsgeschick und der Unterstützung von Mecklenburg-Vorpommerns Landwirtschaftsminister Martin Brick (CDU, 1990–1998) erreicht Mencke 1995 annehmbare Übernahmebedingungen. Trotz einiger widersinniger Investitionsauflagen wie der Verschönerung der Gebäude des Gestüts in einer Phase, die vom Überlebenskampf gekennzeichnet ist, unterschreibt Mencke den Vertrag.

Alles scheint gut zu gehen, bis zum 30. Mai 1995, einen Tag vor der offiziellen Übergabe. Friedhelm Mencke erinnert sich genau: Ein schwarzer Mercedes kommt auf den Hof gefahren. Aus dem Wagen steigen ein Treuhand-Prokurist sowie dessen Bekannter, der wiederum einen Schwager aus Bayern mitgebracht hat – einen Pferdehändler. Sie bitten freundlich um einen Rundgang durch die Ställe, wollen wissen, wie der Ausbildungsstand der Tiere sei. Ehe Mencke gemerkt hat, dass ihm kurz vor Toresschluss die Existenzgrundlage weggekauft werden soll, hat sich der Händler bereits fleißig Notizen gemacht. Der Gestütsleiter versucht, kostbare Tiere als „roh", also noch völlig unausgebildet, zu verkaufen, doch die Löcher in den Hufen von den ersten Beschlagungen verraten seine Absichten. Zwei Wallache, gemeinsam als Kutschengespann genutzt, kauft der Bayer für zusammen nur 5.000 D-Mark. Mencke versucht den Preis zu überbieten, quasi die eigenen Tiere zu erkaufen, doch Limbacher lehnt ab. Der Pferdehändler soll sein Geschäft machen dürfen. Denn, so die hartnäckigen Gerüchte damals, sein Geschäft ist auch das des Prokuristen, dem durch den Stopp des Pferdeverkaufs an westliche Interessenten ab dem nächsten Tag eine gute Einnahmequelle verloren geht. Dreißig Pferde suchen sie an diesem Tag aus. Mencke droht mit dem Rückzug seines Privatisierungsantrags, für den er drei Jahre lang gekämpft hat. Die Stimmung ist gespannt. „Meine Mitarbeiter standen

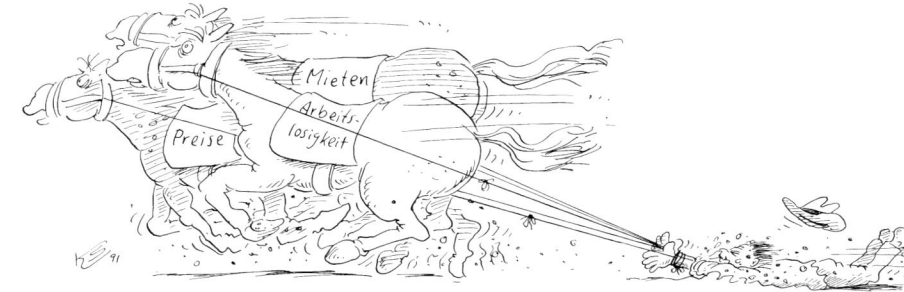

mit der Forke in der Hand hinter der Stalltür und schrien: ‚Wir müssen das verhindern!'", erinnert sich Mencke. „Doch wenn wir den Mercedes auseinandergenommen hätten, wäre ich wohl entlassen worden und die ganze Privatisierung gescheitert." Letztlich kauft der Bayer ein Viergespann für 2.500 D-Mark pro Pferd. Ein Preis, für den zu dieser Zeit in Westdeutschland nur das Decken einer Stute bezahlt werden kann. Den Scheck stellt der Käufer noch auf dem Hof aus. Noch am Abend ärgert sich Friedhelm Mencke: „Wäre uns das nur vorher klar geworden, hätten wir alle Pferde aus den Boxen gelassen und in eine große Herde zusammengetrieben. Keiner außer mir hätte da die Kutschpferdepaare herausgefunden."[4]

Mencke versucht alles, die Tiere bis zur Abholung am nächsten Tag zurückzubekommen. Am Telefon droht ihm ein leitender Treuhand-Angestellter mit der Kündigung, falls er die Angelegenheit an die Öffentlichkeit bringt. Wieder ist die Privatisierung in Gefahr. Zusammen mit dem Kreistierarzt heckt er eine Schließung des Hofs wegen vermeintlicher Seuchengefahr aus, nachdem ein Fohlen kurz zuvor gestorben war. Doch das bringt nur wenige Tage Aufschub. Letztlich werden die Tiere doch per Lkw abgeholt. Aber Mencke gibt nicht auf, will den unrechtmäßigen Deal beweisen und schickt Freunde mit einer Kamera hinterher, um sich beim bayerischen Händler als Kaufinteressenten auszugeben. Gezielt fragen sie nach der Beschreibung Menckes nach einem braunen Gespann. Die Antwort: „Sie haben Glück, gerade in der letzten Woche ist eine größere Lieferung von Pferden aus dem Osten eingetroffen. Da ist ein Gestüt kaputtgegangen." Den falschen Käufern führt er die Ganschower Pferde vor und bietet sie zum Kauf an – für 30.000 D-Mark im Gespann.

Mencke, inzwischen offiziell Inhaber des Gestüts, schüttelt alle Drohungen ab und wendet sich mit dem Fall doch an die Öffentlichkeit. Dem Norddeutschen Rundfunk (NDR) erzählt er die Geschichte. Die Treuhand muss Stellung beziehen. Doch um den Verlust für das frisch privatisierte Gestüt geht es dabei nicht. Besagter Prokurist wird kritisiert, staatliches Eigentum unter Wert verschleudert zu haben. Weitere Konsequenzen hat das nicht. Mencke bekommt seine Tiere nicht zurück. In diesem Moment sei sein Glaube an den Rechtsstaat schwer ins Wanken geraten, sagt er später. Der Korruptionsverdacht gegenüber der Treuhand bleibt, auch wenn er dies nicht beweisen kann. Doch Friedhelm Mencke wirft die Konflikte mit den Anzugträgern ab, so wie ein bockiges Pferd einen Reiter abwirft, und kümmert sich um sein Gestüt.

Hilfe auf die feine englische Art

Mit der Eigenständigkeit ab Juni 1995 muss das Gestüt Ganschow Geld verdienen, um zu überleben. In den ersten Jahren hilft oft der Zufall, erinnert sich Mencke. So stößt eine Firma mit veterinärmedizinischen Produkten aus England auf sein Unternehmen. Die Insulaner haben schon beinahe das gesamte europäische Festland nach einem Pferdebestand abgesucht, an dem sie ihre neue Wurmkur testen können. Da die Engländer harte britische Pfund bieten und die Tiere ohnehin regelmäßig entwurmt werden müssen, stimmt Mencke zu. Mit diesem und anderen Zufällen rettet sich das Gestüt finanziell über die ersten Jahre.[5]

Der Verkauf von Pferden – inzwischen zu marktgerechten Preisen – ist eines der Standbeine des Hofs, auf dem heute zehn Mitarbeiter und zwölf Lehrlinge mit rund 300 Warmblütern arbeiten. Besonders bekannt ist der Hof für seine Trakehner-Zucht. Die Ausbildung von Reit- und Gespannpferden ist lukrativ für die Norddeutschen. Händler und private Interessenten bekommen an einem Ort eine große Auswahl an Tieren präsentiert, wobei Mencke noch immer lieber an Private verkauft als an professionelle Händler. Das Misstrauen hat sich in

Der letzte Streich
(frei nach Wilh. Busch)

Rickeracke! Rickeracke!
Geht die Mühle mit Geknacke.

Hier kann man sie noch erblicken
Fein geschroten und in Stücken.

Doch sogleich verzehret sie
Rohwedder sein Federvieh...

den Nachwendejahren eingeprägt. Dennoch ist sein Gestüt bei Händlern beliebt, denn es spart viel Zeit im Vergleich zum Tingeln über einzelne Höfe mit einer Handvoll Pferden. Weit über 100 Pferde pro Jahr verkauft das Gestüt Ganschow. Für jedes abgegebene Tier rückt ein weiteres zur Ausbildung nach.[6]

Ein großer Erfolg für das Gestüt ist der Tourismus. Schon in den Verhandlungen mit der Treuhand spielt diese Komponente eine Rolle. Doch dass Ausflügler und Übernachtungsgäste einen derart großen Stellenwert in der Jahresbilanz einnehmen würden, hat Mencke nicht erwartet. Heute kann sein Gestüt im laufenden Betrieb ganze Busladungen voll Touristen versorgen: Es gibt ein Stallcafé für die Bewirtung, man bietet Rundgänge auf dem Gestüt und Planwagenfahrten an. Vor allem Städter kommen und sind erstaunt über die großen Stutenherden, die mit ihren Fohlen frei auf den Weiden oder in großen Ställen laufen. Hier können sie auch regelmäßig die Geburt eines Fohlens live miterleben. Kinder stehen dafür nachts auf und wecken ihre Eltern, erzählt Mencke. Bei rund 70 Geburten pro Jahr kein seltenes Ereignis. Solche Erlebnisse sprechen sich herum. Auch wer Reitprüfungen oder Fahrlehrgänge für Kutschen absolvieren will, kann nach Ganschow kommen. Wer lange Ausritte mag, kann sich in der Gruppe auf einen 200 Kilometer langen Mehrtagesritt begeben.

Für die Werbung hat sich Mencke etwas Besonderes ausgedacht. Statt Hengstparaden wie auf den staatlichen Gütern in Redefin und anderswo, veranstaltet er seit 1998 Stutenparaden. Bei der ersten Auflage am 30. Mai, genau drei Jahre nachdem ihm die letzten Pferde vom Hof geholt worden waren, stellt sein Kutscher Lothar Schulz einen Guinness-Weltrekord auf, als er vor voll besetzten Zuschauerrängen seinen Wagen von 25 Stuten gleichzeitig ziehen lässt. Die Medien berichten live vom Rekordversuch und bei Mencke stehen die Interessenten für seine Gespannpferde Schlange. Für den Mecklenburger ist das eine späte Genugtuung für den Schikanen der Treuhand drei Jahre zuvor. Und die Zukunft des Gestüts ist gesichert. Die Söhne René und André sind 1999 ins Geschäft des Vaters eingestiegen.[7] Inzwischen gibt es mit dem Reitsportzentrum Alt Sammit sogar eine Außenstelle bei Krakow am See.[8] Größter Zuchterfolg des Gestüts ist 1997 die Stute Lagora. Sie gewinnt das Landeschampionat und schafft es als erstes Pferd aus Mecklenburg-Vorpommern ins Finale des Bundeschampionatsund belegt dort den fünften Platz. Für Friedhelm Mencke hat sich der Kampf um sein Gestüt gelohnt. Heute arbeitet es im Gegensatz zum Landesgestüt Redefin profitabel – dank Innovation und eines besonderen Antriebs, es allen zu zeigen.[9]

Anmerkungen

1   www.gestuet-ganschow.de/index.php, abgerufen am 29.4.2015.
2   Tanja Busse: Melken und gemolken werden: Die ostdeutsche Landwirtschaft nach der Wende, Berlin 2001, S. 95 f.
3   Ebd., S. 98 f.
4   Ebd. S. 92–94.
5   Ebd. S. 100 f.
6   www.gestuet-ganschow.de/index.php, abgerufen am 29.4.2015.
7   Busse 2001, S. 103 f.
8   www.gestuet-ganschow.de/index.php, abgerufen am 29.4.2015.
9   Busse 2001. S. 104.

Kapitel XIII

GERETTETE PERLE: DIE SANIERUNG DER HACKESCHEN HÖFE

Ein fast 10.000 Quadratmeter großes Labyrinth aus auch ineinander verschachtelten Höfen – das sind die Hackeschen Höfe in der Mitte Berlins. Zu DDR-Zeiten vom Staat vernachlässigt und von Schwarzwohnern auf der Suche nach einer Bleibe bevölkert, gehören sie heute zum Kulturgut der Hauptstadt. Die damaligen Bewohner sind es, die die klassischen Häuser vor dem Verfall retten. Bis 1994 erhalten sie die Bausubstanz mit wenig Mitteln. Dann kommt Investor Roland Ernst und will mit wenig Geld eine gewinnbringende Einkaufspassage einbauen. Doch die Bewohner wehren sich – mit Erfolg.

Die Hackeschen (Durchgangs-)Höfe

Das Gebäudeensemble entsteht in der zweiten Gründerzeit des Deutschen Reiches in den Jahren 1906/07 an der Rosenthaler Straße gegenüber des Hackeschen Marktes. Von dort rührt auch der Name her. Der Markt wiederum hat seinen Namen 1840 vom früheren Stadtkommandanten Generalleutnant Hans Christoph Friedrich Graf von Hacke, bekommen. Friedrich der Große persönlich hatte von Hacke 1750 beauftragt, Freiflächen der Spandauer Vorstadt zu bebauen. Der Jugendstil beherrscht 150 Jahre später die Architekturbüros und auch Bauunternehmer Kurt Berndt und Architekt August Endell sind vom farbenfrohen und formschönen Stil begeistert. Endell entwirft die Fassaden und die Innenräume der Höfe sowie die Säle darin. Die Höfe stellen damals den größten Gebäudekomplex in Deutschland mit 8.000 Quadratmeter Wohn- und doppelt so viel Gewerbefläche dar. Sie sind so etwas wie das Aushängeschild der Reichshauptstadt auf dem Weg zur Weltstadt.[1] Am 23. September 1906 öffnet der erste Mieter – das Weinrestaurant „Neumann & Söhne" – seine Türen. 1907 ist das komplette Ensemble fertig. Hauptanteilseigner der Höfe wird 1924 Jakob Michael. Als Jude ahnt er schon vor Hitlers Machtantritt, wie das Land unter den Nationalsozialisten aussehen könnte, und flüchtet 1932 nach Holland, 1939 weiter in die USA. Vor allem in der Weimarer Zeit sind die Höfe ein Zentrum jüdischen Lebens. Das Mädchenheim des jüdischen Frauenbundes ist Mieter, ab 1932 kommt die jüdische Studentenmensa hinzu. Orthodoxe Juden, die aus der Sowjetunion flüchten, bringen jiddische Musik und Theater mit in das Kulturzentrum. Damit ist es nach 1933 vorbei.[2] Die schönen Höfe leiden in den letzten Wochen des Zweiten Weltkrieges, als die Sowjets Berlin einnehmen, doch sie bleiben stehen. Die Einschusslöcher in den Fassaden wird man noch 1989 sehen.[3]

Die Gebäude werden von den Besatzern unter Zwangsverwaltung gestellt und 1949 enteignet. Zwei Jahre später gehen sie ins Volkseigentum des Staates über. Es ist jedoch die Sache der DDR nicht, alte Wohnhäuser aufwendig zu sanieren. Die Höfe sind in 40 Jahren Sozialismus ein kurzer Weg vom Hackeschen Markt in die Sophienstraße und wechselnd genutzter Arbeitsraum.[4] Schon 1947 zieht Walter Nehrlich mit einem kleinen Konfektionsbetrieb ein, aus dem 1972 der VEB Herrenbekleidung Berlin hervorgeht, der aber hauptsächlich für den Export produziert. Das Tanzensemble der DDR probt in einer ehemaligen Kantine, der Saal im Querhaus dient bis in die 1960er-Jahre als Kino, in dem das DDR-Fernsehen später seine Sendungen probt. Eine Werkstatt bringt im Quergebäude Trabis wieder in Schuss.[5] Den Denkmalschützern der DDR, die häufig konträr zum Staatswillen denken, ist es zu verdanken, dass die Gebäude 1977 unter Schutz gestellt werden. Eine Sanierung des Ensembles bedeutet das allerdings nicht.[6]

Stattdessen wird neu gebaut, verstärkt mit Erich Honeckers Wohnungsbauprogramm in den 1970er-Jahren. Während in Marzahn die Neubaublöcke sprießen, verfallen die Hackeschen Höfe weiter. Dennoch bleiben bis zum Schluss ein paar Berliner in den heruntergekommenen Wohnungen. Die Mieter der Hackeschen Höfe sind etwas Besonderes. Schon zu Beginn der 1950er-Jahre verhindern sie, dass die charakteristischen Fassadenfliesen abgeschlagen werden. Noch vor dem Mauerfall richten sie am Vorderhaus an der Sophienstraße ein Jazzcafé, den „Sophienklub", ein. Sie bekommen nach dem Mauerfall schnell Gesellschaft. Künstler und kleine Händler ziehen ein, bringen das Areal wieder auf Trab.[7]

Feindliche Übernahme

Ab 1990 beginnt der erneute Aufschwung der Höfe. In einen leeren Festsaal zieht das fahrende Zeltvarieté „Chamäleon" auf der Suche nach einer festen Bleibe ein. Und die jungen Künstler bringen viel Arbeitskraft mit. Sie legen den Jugendstilsaal frei und entsorgen kubikmeterweise Müll. Ein erster Schritt auf dem Weg zu altem Glanz. Und zugleich genießt man die einmalige Atmosphäre, die auch durch den Verfall entsteht. Ein benachbartes Fuhrunternehmen hilft bei der Entsorgung des Mülls mit Pferdefuhrwerken – eine unfreiwillige Reminiszenz an die Entstehungsjahre der Höfe, die den heruntergekommenen Zustand der verblichenen DDR unterstreicht.[8]

1991 gründen die Bewohner die „Gesellschaft Hackesche Höfe" als Verein zur Förderung des urbanen Lebens. Sie nehmen eine Bestandsaufnahme vor und sichern das Gelände so gut es geht. Drei Jahre lang dürfen sie ihren Traum leben, dann tritt die Heidelberger Immobiliengruppe von Roland Ernst auf den Plan. Sie hat zusammen mit dem Düsseldorfer Investor Dr. Rainer Behne die Besitzansprüche der Erben des Vorbesitzers Jakob Michael übernommen und will aus den Höfen eine Einkaufspassage machen. Das große Geld winkt im aufstrebenden Berlin, am Potsdamer Platz und in der Friedrichstraße hat Ernst bereits Kaufhäuser gebaut. Doch die Vereinsmitglieder machen sich für die Höfe stark.

Letztlich wird ein Nutzungskonzept mit festen Mietpreisen erstellt. Die Sanierung muss denkmalgetreu erfolgen, kostet Ernst mit rund 100 Millionen D-Mark doppelt so viel, wie von ihm zuvor geplant.[9] Baubeginn ist 1995, im Frühjahr 1997 ist die Sanierung abgeschlossen. Das große Problem ist die beengte Lage des Komplexes. Es gibt nur zwei Zufahrten, über die der gesamte Bau abgewickelt werden muss. Die Innenhöfe dienen als Lagerflächen. Mehr als 300 Einzelunternehmen aus Berlin und Brandenburg sind an der Sanierung beteiligt. Sechs Architekten und fünf Bauleitungen müssen eingesetzt werden, um das Mammutprojekt zu überwachen. Dies gestaltet sich auch deshalb schwierig, weil der Abbruch fast nur von Hand möglich ist, um die historische Bausubstanz bestmöglich zu erhalten. Große Lkws können nicht fahren, der Schutt muss über Rutschen nach draußen geschafft werden.[10]

Die verirrte Bombe

Höfe-Chronist Ernst Siebel, der die Geschichte des Bauwerks für den Internetauftritt des Komplexes zusammengefasst hat, beweist tiefschwarzen Humor, als er die nervenaufreibendste Episode der Sanierung schildert: Der später eingebaute Kinosaal zwischen den ersten beiden Höfen muss 1995 ebenfalls per Hand abgerissen werden. „Der Abbruch wurde in die Rutsche geworfen. Auf diese Weise wären weitere Handabbrucharbeiten fast überflüssig geworden, da sich unter den Abraum auch eine Bombe aus dem Zweiten Weltkrieg verirrt hatte, die offensichtlich vor fast 50 Jahren im Mauerwerk verschwunden war, ohne zu explodieren", schreibt er. Die Bombe, die eher eine größere Granate war, hat bereits ihren Weg in die Schubkarre gefunden, mit der Schutt zur Rutsche gefahren wird. Der zufällig anwesende Haustechniker bemerkt kurz vor dem nächsten „Abwurf", was dort durch die Schuttrutschen der Baustelle wandert, und ruft den Berliner Kampfmittelbeseitigungsdienst. Statt die Höfe 50 Jahre nach Kriegsende doch noch zu zerstören, explodiert der Blindgänger später kontrolliert auf dem Grunewalder Sprengplatz.[11]

1994 hatte es beinahe eine andere Katastrophe gegeben: Bei Arbeiten im Hof bohren Bauleute eine Gasleitung an. Das Leck fällt erst auf, als die Höfe schon in eine Gaswolke gehüllt sind. Im letzten Moment kann das Leck gefunden und geschlossen werden.[12]

Noch mehr als die Arbeit der Bauleute durch die widrigen Umstände wird das Leben von rund 80 Bewohnern und 30 Gewerbetreibenden in den Höfen beeinflusst, die während der gesamten Bauzeit dort bleiben. Sie müssen sich den oft unkonventionellen Lösungen der Bauleute anpassen. So führen während des Abrisses und Neubaus der Hofdecken im ersten und zweiten Hof zeitweise Rampen und Brücken durch die Säle, in denen heute das Hofrestaurant und der Artificium-Buchladen untergebracht sind. Der provisorische Fußweg ist der einzige Weg in den dritten Hof.[13]

Warum die Sanierung so teuer wird, zeigt deren auf Originalität bedachte Ausführung. Die Keramikziegel an den Fassaden des ersten und zweiten Hofes werden nach dem alten Verfahren der Gründerzeit neu gebrannt, die Kellerhofdecken gänzlich abgerissen und neu gebaut. Die Haustechnik, vor allem Heizung, Strom und Sanitäranlagen, muss von Grund auf neu installiert werden. Aus den alten Fabriketagen werden teure Lofts, 23 Dachgeschosswohnungen entstehen. Alle Wohnungen werden mit dem damaligen Topstandard ausgestattet. Das Müllentsorgungskonzept für die Höfe wird neu entworfen und führt nun durch den Keller.

Als alles fertig ist, wird zunächst wenig Aufhebens um die Höfe gemacht. Während nebenan am Potsdamer Platz und in der Friedrichstraße mit Getöse und Pomp die Grundsteine für allerlei Neubauten gelegt werden, ist hier 1997 leise eine Bauplane verschwunden und gibt den Blick auf die bunten Fassaden wieder frei. Dafür werden die Höfe zum Erfolg. Komplett vermietet sind die Wohn- und Gewerbeflächen schon 1996. Das pulsierende Leben tagsüber und die dörfliche Ruhe nachts – die Höfe werden durch einen Friedhof und eine Kirchgemeinde begrenzt – locken die Bewohner an. Gewerbe-treibende schätzen die zentrale Lage. Das Institut Français zieht ein, ebenso die Industrie- und Handelskammer (IHK), der Aufbau-Verlag, eine Galerie und der damalige Volksbühnen-Intendant Frank Castorf. Er wird Nachbar von Ernst, der selbst ein ausgebautes Dachgeschoss bewohnt. Für alle ist die bis dahin einmalige Mischung der Vermie-tung interessant: Mieter und Händler finden sich neben Künstlern im Varietétheater, einem Filmkunstsaal und stilvollen Gastronomen wieder.

Was die Nazis in den 1930er-Jahren auszulöschen versuchen, ist heute in die Hackeschen Höfe zurückgekehrt. Das Hoftheater spielt die alten jiddischen Stücke und auch die passende Musik erklingt re-gelmäßig.[14]

Der Name bleibt einzigartig

Den alten Hackeschen Höfen erwächst ab 1997 Konkurrenz. Nicht im Baustil, aber im Namen: Die „Neuen Hackeschen Höfe" werden auf 18.000 Quadratmetern von Finanzdienstleister Peter Bassmann zu-sammen mit zwei Wohnungsbaugesellschaften errichtet – ein hoch-gelobtes Projekt des sogenannten Private-Public-Sharings, bei dem Privatinvestoren wie Bassmann der Stadt bei der Sanierung von Bra-chen helfen. Das Gelände am S-Bahnhof Hackescher Markt, das sich von der Spandauer Brücke bis in die Rosenthaler Straße zieht, er-weckt mit seinem Titel Ärger bei Roland Ernst. Ein ähnliches Konzept mit einer Mischung aus Wohnen, Gewerbe und Kultur planen Bass-mann und Co. mit dem berühmten Namen und das in unmittelbarer Nähe. Ernst sieht darin Trittbrettfahrer, die mit dem guten Image sei-ner Höfe wuchern wollen. Er droht mit Hinweis auf den geschützten

Markennamen Hackesche Höfe 1998 mit Klage. Im Februar 1999 gibt Bassmann nach. Der Name wird per Unterlassungserklärung abgelegt. Stattdessen wird der Gebäudekomplex in „Neuer Hackescher Markt" umbenannt. Ernst war beim Patentamt einfach schneller. „Neue Hackesche Höfe" findet daher keine Berücksichtigung.[15]

Vom Star-Investor zum Häftling

Zum Glück für die Bewohner der Hackeschen Höfe hat Investor Roland Ernst das Projekt 1997 pünktlich fertiggestellt und sich später aus seiner Beteiligung zurückgezogen. Denn im Jahr 2000 wird öffentlich, dass sein Bauimperium mächtig in Schieflage geraten ist. Betrugsvorwürfe werden laut, Ernst muss für eine Woche in Haft, wird aber gegen vier Millionen Mark Kaution wieder freigelassen.[16] Er hat sich ähnlich wie Baulöwe Jürgen Schneider mit seinen vielen Sanierungsprojekten verhoben. Rund ein Dutzend sind es allein in Berlin, milliardenschwer und prominent: neben den Hackeschen Höfen auch die Galerie Lafayette, Bürohäuser am Gendarmenmarkt, Ungarische Botschaft unter den Linden, Park-Kolonnaden am Potsdamer Platz und einige andere. Auch in Leipzig und Dresden saniert er Häuser und betreibt in Ostdeutschland mehrere Kliniken. Zum Problem wird für ihn die immer schlechtere Lage am Immobilienmarkt Ende der 1990er-Jahre. Fest vereinbarte Renditen auf Beteiligungsfonds an seinen Immobilien und Mietgarantien kann er nicht mehr auszahlen. Stattdessen behält Ernst die Anlagesummen. Dennoch gehen seine Firma sowie die VOG Projektentwicklung pleite. Zusammen sollen sie 333 Millionen Mark Schulden angehäuft haben. Insgesamt vereint Ernst 120 Firmen in einem Geflecht von Gesellschaften, das nun zusammenbricht.

Hauptgrund für die Schieflage sind damals zwei Projekte: Zum einen das Potsdam-Center am Hauptbahnhof, das nicht nur überdimensioniert, sondern auch der UNESCO ein Dorn im Auge ist. Potsdam droht der Verlust des Kulturerbe-Status. Um die Baugenehmigungen ranken sich Korruptionsgerüchte um Kommunalpolitiker und die HypoVereinsbank als Geldgeber. Der damals neue Bürgermeister Matthias Platzeck (SPD) verhindert die Ausführung in monströser Größe und stattdessen in kleinerer Form. Daher fehlen die kalkulierten Mieteinnahmen.

Das andere Projekt ist das Quartier 207 in der Berliner Friedrichstraße, das 350 Millionen D-Mark kostet, aber weit unterhalb der kalkulierten Preise vermietet wird. Außerdem fallen immer wieder schwere Glasscheiben der Fassade auf den Fußweg. Gelungene Projekte wie die europaweit vorbildlich sanierten Hackeschen Höfe oder die Treptowers – Berlins höchste Bürotürme für mehr als eine Milliarde Mark – bleiben dennoch Ernsts Vermächtnis. In Berlin wird er hinter vorgehaltener Hand noch immer für seine Aufbauarbeit gewürdigt, auch wenn diese in den Wirren der Wiedervereinigung über die Grenzen der Legalität hinausgeht.[17] Der Investor selbst verdient gut daran – zu gut, wie sich 2002 endgültig herausstellt: Wegen Untreue, Bestechung und Steuerhinterziehung wird Ernst zu einer dreieinhalbjährigen Haftstrafe verurteilt. Der Bundesgerichtshof mildert das Urteil später auf eineinhalb Jahre Bewährung wegen Bestechung ab. Vier Tage sitzt Ernst tatsächlich im Gefängnis.[18]

Die Hackeschen Höfe wechseln 2004 erneut den Besitzer, 50 bis 80 Millionen Euro, lässt sich der neue Eigentümer – ein Privatinvestor – das Ensemble kosten. Bis heute floriert der Gebäudekomplex, 97 Prozent aller Flächen sind vermietet. [19] Und täglich bestaunen Tausende Touristen die bunten Fassaden, bevor jeden Abend um 22 Uhr die Tore schließen und die Ruhe von vor 100 Jahren einkehrt.[20]

Anmerkungen

1 Der Tagesspiegel, 23.9.2006, „Den Hof gemacht".
2 www.hackesche-hoefe.com, „Geschichte und Geschichten, Geschichte im Überblick",
   abgerufen am 29.4.2015.
3 Frankfurter Rundschau (FR), 27.12.1996, „Zweifach erwacht der alte Genius loci".
4 Der Tagesspiegel, 23.9.2006, Hof.
5 www.hackesche-hoefe.com, „Geschichte und Geschichten, Niedergang der Höfe",
   abgerufen am 29.4.2015.
6 Der Tagesspiegel, 23.9.2006, Hof.
7 www.hackesche-hoefe.com, „Geschichte und Geschichten, Niedergang der Höfe",
   abgerufen am 29.4.2015.
8 www.hackesche-hoefe.com, „Geschichte und Geschichten, Hofgeschichten", abgerufen am 29.4.2015.
9 FR, 27.12.1996, Zweifach.
10 www.hackesche-hoefe.com, „Architektur und Philosophie, Sanierungskonzept",
   abgerufen am 29.4.2015.
11 www.hackesche-hoefe.com, „Geschichte und Geschichten, Hofgeschichten", abgerufen am 29.4.2015.
12 Die Welt, 23.9.2006, „Am Anfang waren graue Mauern".
13 www.hackesche-hoefe.com, „Architektur und Philosophie, Sanierungskonzept",
   abgerufen am 29.4.2015.
14 FR, 27.12.1996, Zweifach.
15 Berliner Zeitung (BZ), 18.2.1999, „Neue Hackesche Höfe müssen Namen ändern".
16 Der Spiegel, 3.4.2000, „Auf sumpfigem Grund".
17 FR, 23.5.2000, „Schieflage des Bauträgers Roland Ernst überrascht Experten kaum";
   Welt am Sonntag, 23.2.2014, „Die Größen des Monopoly".
18 Rhein-Neckar-Zeitung, 2.8.2014, „Ich stehe zu allem, was ich gemacht habe".
19 Berliner Morgenpost, 26.11.2004, „Hackesche Höfe heimlich verkauft".
20 Der Tagesspiegel, 23.9.2006, Hof.

Kapitel XIV

RAUBTIERKAPITALIST? BAULÖWE!: DIE IMMOBILIENPLEITE DES JÜRGEN SCHNEIDER

Dr. Jürgen Schneider steht zu Beginn der 1990er-Jahre für eine besondere Spezies der deutschen Immobilienlandschaft: Er ist der Baulöwe schlechthin, besitzt mehr als 160 Immobilien gleichzeitig und will in Leipzig die halbe Innenstadt sanieren. Zeitweise ist er der größte private Grundstücksbesitzer in der Messestadt. Doch das Paket wiegt zu schwer, mehrere Milliarden Mark betragen am Ende die Schulden. Die Banken machen mit immer neuen Krediten alles nur noch schlimmer. Dutzende Handwerksbetriebe geraten wegen offener Rechnungen in Existenznot. 1996 landet Schneider im Gefängnis. Dennoch sind ihm manche dankbar.

Im Herzen Architekt

Jürgen Schneider hat Großes vor. Schon in den 1980er-Jahren will er als Immobilienkönig Karriere machen. Wie Staatsanwalt Dieter Haike im Prozess gegen Schneider verkündet, habe dieser schon 1988 vorgehabt, „Handwerker zu bescheißen und für die Banken alles optimal hochzulügen".[1] Seine Leidenschaft grenzt an Besessenheit: In den Innenstädten deutscher Metropolen will er Altbauten mit Geschichte kaufen und sanieren. „Die Häuser sind meine Kinder", sagt er später vor Gericht. Dabei spielt auch das schwierige Verhältnis zum Vater Richard Schneider eine Rolle, der ihm das Architekturstudium verwehrt und den Sohn stattdessen in Darmstadt Bauingenieur werden lässt, damit er die Familienfirma weiterführen kann. Dem 1998 gestorbenen Vater zu beweisen, kein Versager zu sein, gehört zum Grundantrieb Jürgen Schneiders bei der Sanierung alter Häuser.[2] Schneider promoviert an der Universität Graz in Staatswissenschaften. 1963 fängt er in der Firma des Vaters an. Als der ihm 1982 die Übernahme des Unternehmens verweigert, kündigt Jürgen Schneider und wechselt als Investor ins Immobiliengeschäft. Sein guter Ruf als Bauingenieur und das Vermögen seiner Ehefrau Claudia verhelfen ihm trotz der Interventionen des Vaters bei den Banken zu den ersten Krediten. In der denkmalgeschützten Villa Andreae in Königstein im Taunus richtet er die Firmenzentrale ein. Sein Gefallen an alter Bausubstanz begleitet ihn durch die gesamte Karriere.

Im Sommer 1990 besucht er das erste Mal Leipzig – und verliebt sich sofort in den historischen Stadtkern. Die vielen Passagen aus der alten Messezeit faszinieren den Architekten, der er im Herzen ist. „Im inneren Ring der Messestadt lag eine bauliche Schönheit im Dornröschenschlaf, und ich war der Prinz, der sie wachküssen wollte – und konnte“, schreibt er später in seiner Autobiografie.[3]

Mit 40 Häusern König von Leipzig

Schneider beginnt 1991 bereits schwer verschuldet mit dem Immobilienkauf in den neuen Bundesländern. Knapp zwei Milliarden Mark sind bei mehreren Banken in Westdeutschland aufgelaufen. Die Einnahmen reichen schon damals nicht aus, um die laufenden Kosten der vielen Tochtergesellschaften zu decken, die die Immobilien betreiben. „Zu teuer eingekauft, zu teuer gebaut und zu teuer verwaltet“, urteilt später sein Konkursverwalter Gerhard Walter.[4] Dennoch wird Schneider in den ramponierten Altstädten in Leipzig und

Berlin wie ein Messias empfangen. Und die Banken – von blühenden Landschaften im Osten träumend – hofieren den Mann mit dem (falschen) lockigen Haar und dem Schnauzbart. Mit ihrer Hilfe kauft er besonders in der Messestadt Leipzig groß ein: die Restaurant- und Ladenpassage Barthels Hof, das Hotel Fürstenhof und die Mehrheit an der Mädler-Passage, zu der auch Auerbachs Keller gehört, dazu den Zentral-Messepalast. In der Hainstraße im nördlichen Stadtzentrum kauft er ganze neun Gebäude, dazu weitere 25 im gesamten Stadtgebiet. 1,2 Milliarden D-Mark erhält Schneider allein für Leipzig von zusammen 22 Geldhäusern.

Das ist noch nicht das Problem. Doch Schneider zockt die Banken von Anfang an ab: Für 60 Prozent der Anteile an der Mädler-Passage muss er 105 Millionen Mark zahlen. Doch von der CC-Bank, von der Deutschen Bau- und Bodenbank und der Baden-Württembergischen Bank erhält er für den Kauf insgesamt mehr als 130 Millionen D-Mark Kredite. Ähnlich ist es beim Zentral-Messepalast (152 Millionen D-Mark) und dem Leipziger Jägerhof (128 Millionen D-Mark). Nicht alles zu viel gezahlte Geld behält Schneider für sich. Millionenschwere Schmiergeldzahlungen fließen beim Erwerb seiner Wunschgrundstücke. Allein 14,5 Millionen D-Mark gehen im Juni 1993 an Rolf Meyer, früherer Geschäftsführer der Grundstücksgesellschaft der Bau und Brunnen AG Dortmund/Berlin, für den Kauf des Kurfürstenecks. Dabei fordert Meyer laut Schneider regelrecht das Geld als Voraussetzung für den Verkauf.[5] Der Baulöwe macht sich dieses Vorgehen zum Prinzip und schaufelt sich damit sein eigenes wirtschaftliches Grab. Fast alle seine Immobilien sind bei den Banken überbewertet. Nur fertig saniert sind für die Häuser annähernd die Preise zu erzielen, um die Kaufkredite zurückzuzahlen. Die heranrückende Immobilienkrise ab Mitte der 1990er-Jahre wird diese Pläne vollends vereiteln. Sie wird die Banken nach Schneiders Pleite mehr als zwei Milliarden Mark kosten.

Raubtierkapitalist? Baulöwe!

Und noch sind die Nobelbauten der Gründerzeit nur halb fertig saniert. Schneiders offene Rechnungen bei den Baufirmen summieren sich bis auf 50 Millionen D-Mark. Deutsche Bank-Vorstandssprecher Hilmar Kopper nennt diesen Betrag später „Peanuts" (Erdnüsse) und

prägt das Unwort des Jahres.[6] Knapp die Hälfte der Außenstände betreffen Leipziger Handwerker, rund 100 Firmen mit 1.000 Mitarbeitern sind betroffen. Zwanzig von ihnen geraten durch Vorleistungen von zusammen 4,4 Millionen D-Mark in akute Existenznot, 40 weitere sind gefährdet. Dass kein Unternehmen pleitegeht, ist nur einer einmaligen Rettungsaktion der Stadt, der Sächsischen Aufbaubank und den Gläubigerbanken zu verdanken, die Teile der Ausfälle erstatten und die Firmen bei der weiteren Sanierung mit Aufträgen versehen. Aus der späteren Konkursmasse erhalten die Handwerker nur etwa zehn Prozent ihrer Forderungen zurück.[7]

Trotz der bis Anfang 1994 immer prekärer werdenden Lage halten die Banken zu Schneider, lassen sich von Scheinrechnungen, falschen Angaben über vermietbare Flächen und mögliche Einnahmen und gefälschten Unterschriften täuschen. Seinen Bauzeichner Karl-Heinrich Küpferle lässt er Baupläne mehrerer Objekte manipulieren – mit Tipp-Ex, wie Küpferle beim Prozess später bestätigt. Sogar ganze Etagen werden eingefügt, die eigentlich gar nicht existieren. Bei der vermietbaren Fläche wird meist die Bruttofläche für netto angegeben. Besonders krass ist der Betrug in der Frankfurter Zeilgalerie: Statt 9.000 Quadratmetern Nutzfläche gibt Schneider mehr als 20.000 an. Dabei hätte den Banken ein Blick auf das Bauschild vor Ort genügt, um diesen Trick zu entlarven. Außerdem setzt Schneider Strohfirmen ein, die Interesse an künftiger Anmietung vortäuschen sollen.[8] Der quirlige Mann mit Doktorgrad erweist sich zudem als Überzeugungskünstler. Um den Banken die viel zu hohen Kaufbeträge für seine Immobilien abzuluchsen, bringt er gefälschte Kaufverträge zu persönlichen Gesprächen über die Kreditvergabe mit. Diese nutzt er, um ununterbrochen mit seinem Gegenüber über die Vorteile, Absicherungen und Geldbeträge zu schwadronieren, sodass sich der Banker oft mit kurzer Einsichtnahme in die Unterlagen begnügt. So bekommt Schneider von der Nord/LB Hannover für den Kauf des Gebäudes in der Berliner Tauentzienstraße 151 Millionen Mark, während der echte Kaufpreis nur bei 83 Millionen liegt. Kundenbetreuer Leonhard Goebel lässt sich um den Finger wickeln und deckt später vor Gericht die ganze Fahrlässigkeit bei der Bewertung von Schneiders Bonität auf: Zwar nimmt er eine Kollegin mit zu dem Gespräch, lässt jedoch keine Notizen machen, um nicht den Eindruck eines Verhörs aufkommen zu lassen, wie er erklärt. Während Schneider vom angeblich geteilten Kaufpreis spricht, von holländischen und australischen Gesellschaften, über die das Geschäft abgewickelt wird, von Gebäudewerten und Zukunftsplänen, wirft Goebel nur einen kurzen Blick in die Papiere, um die beiden Kaufsummen von 83 Millionen und 68 Millionen D-Mark zu finden. Ergibt zusammen 151 Millionen – alles in Ordnung, so die Einschätzung des Kundenbetreuers. „Das hätte also auch die Heizkostenrechnung der Zeilgalerie sein können!", wird ihm der Richter später vorwerfen.[9] Beim Kredit für den Leipziger Zentral-Messepalast legt Schneider der Deutschen Bau- und Bodenbank Papiere eines Geschäftspartners vor, der nicht einmal über einen Telefonanschluss verfügt und dessen Stammkapital nur drei Dollar beträgt.[10]

Es verfestigt sich der Eindruck, dass die Banken die Wahrheit gar nicht sehen wollten. Erst als der Schwindel auffliegt, wird genauer geprüft. Die Deutsche Bank als einer der größten Schneider-Gläubiger strengt einen Prüfungsbericht an, der im Juli 1994 die Banker an den Pranger stellt: lasche Kontrollen, zu viel Vertrauen in die Baulöwen, keine kritische Überprüfung der Unterlagen und Zusammenarbeit mit fragwürdigen Vermittlern. Vorstandssprecher Hilmar Kopper verkündet alsbald die Entlassung mehrerer Verantwortlicher. Das gewerbliche Immobiliengeschäft wird umgebaut, einheitliche Standards kommen für die Deutsche Bank und alle ihre Tochtergesellschaften. Eine neue Computersoftware wird als Frühwarnsystem installiert und die Banken setzen nun ausnahmslos eigene Gutachter ein.[11] Doch auch ohne diese Neuerungen hätte der Schwindel vielfach auffliegen müssen. Denn selbst für Schneider ist spätestens Anfang 1994 längst klar: Kein noch so großer Kredit kann sein Firmenimperium retten. Ein Zeitungsartikel über Probleme mit der Vermietung einiger seiner

Immobilien bringt Ende Februar 1994 den Einsturz seines Lügengebäudes in Gang.

Die Flucht

Im April 1994 fliehen Schneider und seine Frau Claudia. 245 Millionen D-Mark hat er auf Nummernkonten der Genfer Bancaire Privee deponiert. Geld, das seinem Firmengeflecht fehlt, sodass es völlig zusammenbricht. Der Baulöwe warnt Anfang April die Deutsche Bank sogar in einem Brief vor seiner Abreise vor der Zahlungsunfähigkeit seiner Firmengruppe und beantragt Finanzhilfe. Das soll ihm weitere Zeit verschaffen. Am 13. April 1994 zeigt die Bank Schneider wegen Betrugs an. Einen Tag später einigen sich die insgesamt mehr als 40 Gläubigerbanken auf die Abwicklung der Schneider-Gruppe. Das Konkursverfahren wird eröffnet. Die meisten Immobilien gehen in den Besitz der Banken über, die nun nach Käufern suchen oder sie mit Partnern sanieren lassen und betreiben.

Der Haftbefehl ergeht am 25. April. Am folgenden Tag sperrt die Schweizer Justiz die Konten mit den 245 Millionen Euro Fluchtgeld. Die weltweite Suche nach dem Baulöwen-Pärchen beginnt. Erst über ein Jahr später – am 18. Mai 1995 – werden beide in Miami (Florida) von der US-Bundespolizei FBI und dem Bundeskriminalamt verhaftet. Doch vorerst bleiben die Schneiders in Amerika in Untersuchungshaft. Am 9. Februar 1996 gibt Jürgen Schneider das Geld auf den Genfer Konten frei, sodass ab November zumindest ein kleiner Teil der offenen Rechnungen bei den Gläubigern beglichen werden kann. Am 23. Februar 1996 wird das Ehepaar nach Deutschland ausgeliefert und kommt sofort in deutsche Untersuchungshaft. Claudia Schneider wird einige Wochen später freigelassen. Ihr Ehemann wartet in seiner Zelle 16 Monate auf den Prozess.[12]

Vor Gericht

In Frankfurt am Main wird Jürgen Schneider ab 30. Juni 1997 vor Gericht gestellt. Die Staatsanwälte Dieter Haike und Ulrich Busch klagen ihn vor dem Landgericht wegen Kreditbetrugs, schweren Betrugs und Bankrott in besonders schwerem Fall an. Zwei Jahre haben die Ermittler Beweise zusammengetragen. Fünf der einst 160 Immobilien haben sie sich für die Anklage ausgesucht: Für den Zentral-Messepalast in Leipzig holt sich Schneider im Juni 1991 Kredite der Deutschen Bau- und Bodenbank durch eine Scheinrechnung über 29 Millionen D-Mark. 1992 erhält er aus der selben Quelle 32 Millionen D-Mark für die wertvolle Mädler-Passage in Leipzig. 45 Millionen D-Mark gewährt ihm im selben Jahr die Deutsche Bank für die Zeilgalerie in Frankfurt nach Vorlage gefälschter Mietverträge. Anfang 1993 bekommt Schneider 48 Millionen D-Mark von der Norddeutschen Landesbank für die Tauentzienstraße 7 b/c in Berlin. Für das Grundstück Kurfürsteneck in Berlin erhält er mit gefälschten Unterlagen nur drei Monate vor seiner Flucht 160 Millionen D-Mark von der Dresdner Bank.

Die Anklageschrift ist 446 Seiten lang und füllt 70 dicke Aktenordner. Die Banken müssen sich zwar einige Vorwürfe anhören, werden aber aus Mangel an Anhaltspunkten für Straftaten nicht angeklagt.[13] Am ersten Prozesstag gibt Schneider eine 40-minütige Erklärung ab, bekennt sich zu den gefälschten Unterlagen, die die Staatsanwälte als Beweismittel vorlegen. „Ich bin kein Unschuldslamm", sagt er, versucht sich jedoch zugleich aus der Affäre zu ziehen: Alle Angaben zu den Häusern hätten sich auf die Zukunft bezogen – nach der Sanierung. Zudem seien die Banken bei „fadenscheinigen" Belegen über dreistellige Millionenbeträge nicht misstrauisch geworden.[14] Der inzwischen 62-Jährige zeigt sich nicht medienscheu, im Gegenteil. Er scheint das Rampenlicht zu genießen. Zum Ende des ersten Verhandlungstages fragt er, ob aus seinem Schaffen nicht auch etwas Positives hervorgegangen sei, was ein wohlwollendes Urteil ermögliche. Seine Vorwürfe gegenüber den Banken bekräftigt Schneider auch an den folgenden Verhandlungstagen. Er sieht sich selbst als Erschaffer von etwas Großem, an dem die Banken gern teilhaben, im Nachhinein aber nicht die Verantwortung mittragen wollten. „Kein Zeuge wird es wagen, nachdem der babylonische Turm zusammengebrochen ist, die Verantwortung für die gewagte Statik zu übernehmen", sagt er am zweiten Prozesstag.[15]

Bis Anfang Oktober sagt er nichts mehr zu den Vorwürfen. Stattdessen muss Richter Heinrich Gehrke einen verantwortlichen Banker nach dem anderen rügen, derart fahrlässig Millionenkredite vergeben zu haben, sodass Schneider letztlich über rund 5,4 Milliarden Mark geliehenes Geld verfügen konnte. Zwei Milliarden davon müssen die Geldhäuser letztlich abschreiben. Den Verlust können sie von der Steuer absetzen, eigentlich geschädigt ist dadurch der Steuerzahler. Der Angeklagte selbst tut sich im Verlauf des Prozesses immer schwerer mit einem klaren Schuldeingeständnis, zeigt sich realitätsfern und biegt sich die Wahrheit für seine Sicht der Dinge zurecht und sagt immer wieder: „Ich wunderte mich, dass das funktionierte."[16]

Am 23. Dezember 1997 wird das Urteil verkündet. Bei seinen letzten Aussagen wenige Tage zuvor ringt sich Schneider doch noch zu einem klaren Schuldbekenntnis durch und erklärt seine alleinige Verantwortung – auch um Ehefrau Claudia und Mitarbeiter Karl-Heinrich Küpferle aus der Schusslinie zu nehmen.[17] Sechs Jahre und neun Monate Haft lautet am Ende die Strafe. Weil Schneider sofort akzeptiert, entspricht Richter Gehrke dem Wunsch des Pleitiers auf Weihnachten zu Hause. Auch seine Mithilfe bei der Aufklärung und die nach sechs Monaten Prozess gezeigte Reue honoriert das Gericht. Die fast drei Jahre Untersuchungshaft inklusive Verhandlungszeit werden auf das Urteil angerechnet. Schneider muss 1997 die restlichen knapp vier Jahre Haft in der JVA Frankfurt-Preungesheim antreten.[18] Als Frei-

gänger arbeitet er in einer Frankfurter Schreinerei – als kaufmänni-
scher Angestellter.[19]

Ende 1999 kommt er nach zwei Dritteln der Strafe vorzeitig aus
der Haft frei, da er zuvor nicht vorbestraft war. Seither hat er drei
Bücher verfasst, darunter auch seine Autobiografie „Bekenntnisse
eines Baulöwen". In einem Gastbeitrag in der *Leipziger Volkszeitung*
2007 betont er nochmals seine Schuld, rechtfertigt aber auch sein
ganzheitliches Vorgehen: „Was wäre die Alternative zu meiner Art der
Sanierung gewesen? Flächensanierung, weiterer Verfall, kleinteilige
Wurstelei, billige Retuschen an der Stadt, Möblierung ihrer freien Flächen, schlecht gemachte geschmäcklerische Kosmetik der Fassaden?
Das hätte die Stadt nicht verdient – bei so viel historischer Größe und
baulicher Einmaligkeit."[20]

Sanierung mit Hindernissen

Schneider hinterlässt ein Trümmerfeld halb fertig sanierter Bauten.
Die Banken als neue Besitzer haben kaum eine andere Wahl, als die
Immobilien aufwendig zu sanieren, um ihren Einsatz zumindest teilweise zurückzubekommen. Beispiel Romanushaus am Brühl in Leipzig: Die Westfälische Hypothekenbank Dortmund erwägt hier eine
Versteigerung. Doch der Verkehrswert des Gebäudes samt benach-
bartem Gelände beläuft sich 1997 nur auf rund 14 Millionen Mark. Da
die Bank 38 Millionen für den Kredit an Schneider vorgestreckt hat,
saniert sie das Haus selbst. Die Leipziger Mädler-Passage wird von
den damals jeweils über 90 Jahre alten Töchtern des Erbauers Anton
Mädler zurückgekauft. Die Commerzbank übernimmt 50 Prozent der
Anteile und einen Großteil der 30 Millionen Mark Sanierungskos-
ten. Die Deutsche Genossenschafts- und Hypothekenbank investiert
knapp 20 Millionen Mark in Barthels Hof. In der Hainstraße steckt

die Dresdner Bank 50 Millionen in den Jägerhof. Der Fürstenhof wird 1996 fertiggestellt und ist bis heute eines der wenigen Fünfsterne-hotels in Leipzig, in dem bereits Prominente wie Paul McCartney und Udo Lindenberg nach ihren Konzerten abgestiegen sind.[21]

So wird nach und nach doch noch Schneiders Wunschtraum ver-wirklicht und der Leipziger Innenstadt zu neuem Glanz verholfen. Noch heute sind trotz der vielen Betrügereien viele Leipziger dem einstigen Baulöwen dankbar. In einer Umfrage unter Beteiligten wür-digt 1997 Niels Gormsen, Leipzigs Planungschef zu Schneiders Zeit, dessen Verdienste um denkmalgeschützte Bauten. Joachim Dirsch-ka, Präsident der Leipziger Handwerkskammer, meint, Immobilien wie Barthels Hof oder der Fürstenhof wären ohne Schneider liegen geblieben. Selbst der mit 300.000 Mark Verlust geschädigte Dachde-ckermeister bescheinigt Schneider gute Baupläne und den Willen, et-was für Leipzig zu tun. Der von Schneider geförderte Künstler Michael Fischer-Art, heute mit farbenfroher Fassadengestaltung an mehreren Gebäuden in Leipzig zu sehen, spitzt sein Urteil romantisch zu: „Im Endeffekt war Schneider das Beste, was Leipzig passieren konnte. Denn er hat viel Geld in die Stadt gelockt. Hätte er die Handwerker ordentlich bezahlt und nur die Banken gelinkt, würde man ihn jetzt als Robin Hood feiern."[22]

Anmerkungen

1 Leipziger Volkszeitung (LVZ), 1.7.1997, „Schneider sonnt sich im Rampenlicht".
2 LVZ, 24.12.1997, „Schneiders Richter honorieren ‚dicken Schlussstrich'".
3 Jürgen Schneider: Bekenntnisse eines Baulöwen, Berlin 1999.
4 LVZ, 30.6.1997, „Leipzig nach Schneider: Der Nachlass ist aufgeteilt".
5 LVZ, 27.11.1997, Pleitier Schneider gibt Zahlung von Schmiergeld für Ku'damm-Haus zu".
6 LVZ, 14.4.2004, „Zehn Jahre danach: Der Schock in Leipzig war größer als der Scha-den".

Raubtierkapitalist? Baulöwe!

7   LVZ, 1.7.1997, Rampenlicht.
8   LVZ, 4.7.1997, „Schneider ließ Baupläne mit Tipp-Ex manipulieren".
9   Die Zeit, 21.11.1997, „,Ich wunderte mich, dass das funktionierte'".
10 LVZ, 24.12.1997, Schlussstrich.
11 LVZ, 29.9.1997, „Im Schneider-Prozess hat die Deutsche Bank nichts zu lachen".
12 LVZ 7.1.1997, „Anklage gegen Schneider füllt 70 dicke Ordner".
13 Ebd.
14 LVZ, 1.7.97, Rampenlicht.
15 LVZ, 4.7.1997, Tipp-Ex.
16 Die Zeit, 21.11.1997, Wunderte.
17 Der Tagesspiegel, 23.12.1997, „Urteil im Schneider-Prozess".
18 LVZ, 24.12.1997, Schlussstrich.
19 LVZ, 1.12.1999, „Für Pleiten-König Schneider heißt es: Zurück ins Gefängnis".
20 LVZ, 10.3.2007, „Leipzig war mein Waterloo".
21 LVZ, 30.6.97, Nachlass.
22 LVZ, 1.7.1997, „,Ohne Baulöwe Schneider wäre Barthels Hof noch heute eine Ruine'".

Kapitel XV

100 MILLIONEN D-MARK VERHEIZT: MICHAEL ROTTMANN UND DER WÄRMEANLAGENBAU BERLIN

Michael Rottmann heißt der Mann, der den wohl größten Einzelbetrug nach der deutschen Wiedervereinigung begangen hat. Ein florierendes Unternehmen – den Wärmeanlagenbau Berlin (WBB) redet er vor seiner Firma 1990 erst schlecht, um ihn dann selbst zu übernehmen. Ein Firmenwert in dreistelliger Millionenhöhe wird von der Treuhand für läppische zwei Millionen D-Mark abgegeben – für Rottmann der Startschuss zur hemmungslosen Ausbeutung des Betriebs auf Kosten der ehemals 2.000 Mitarbeiter, von denen mit der Betriebsschließung 1994 die letzten ihren Job verlieren. Erst 15 Jahre später wird Rottmann verurteilt. Heute ist er wieder frei – nach nur eineinhalb Jahren wegen eines Formfehlers. Das Geld ist angeblich weg, verheizt, könnte man sagen.

Der VEB Wärmeanlagenbau Berlin

1969 gebildet, ist der VEB WBB, wie er abgekürzt heißt, der Monopolist seiner Branche in der DDR. Werk- und Produktionsstätten betreibt der Betrieb nicht nur in der gesamten Republik. Auch in Polen und der früheren UdSSR ist er vertreten. Die Kontakte zum großen Bruder Sowjetunion sind hervorragend. Hauptaufgabe ist der Bau von Heizkraftwerken und Fernwärmeleitungen. Die Auftragsbücher sind voll, Gebäude und Maschinen für DDR-Verhältnisse in einem akzeptablen

Zustand. Als in Berlin die Mauer fällt, arbeiten rund 2.000 Menschen für den WBB. Schon wenige Monate später sinkt deren Zahl auf nur 1.200. Die Treuhand übernimmt den Betrieb und sucht nun einen Käufer. Der VEB wird im August 1990 umgewandelt in die Wärmeanlagenbau GmbH. Vier Millionen D-Mark werden als Stammkapital angelegt. Dass der Betrieb über ein Vermögen von rund 153 Millionen D-Mark verfügt, übersieht die Treuhand – und macht damit den Weg frei für jeden, der schlau genug ist, das Geld auf dem Silbertablett zu erkennen.

Vom Angestellten zum Millionär

Es geht ein Rauschen durch den deutschen Blätterwald, als Michael Rottmann im November 2010 vorzeitig aus der Haft entlassen wird. Gerade einmal eineinhalb Jahre hat er hinter Gittern verbracht. Drei Jahre und neun Monate hieß das ursprüngliche Urteil. Doch ein juristischer Formfehler lässt den Bundesgerichtshof das Urteil kippen. Rottmanns Straftaten gelten als verjährt. Ursache des Aufhebens um den damals 67-Jährigen ist seine Rolle im größten aufgedeckten Betrugsfall rund um die Abwicklung der DDR-Betriebe durch die Treuhandanstalt ab 1990. Erst 20 Jahre später gelangt das ganze Ausmaß in die deutschen Medien.[1]

1990 ist Michael Rottmann 47 Jahre alt, lebt mit seiner Frau und zwei Kindern in einem Essener Reihenhaus. Ein VW-Golf steht in der Auffahrt. Rottmann ist seit 1985 Angestellter bei der Babcock AG, einem Unternehmen für Energie- und Umwelttechnik, ist Prokurist für eigene kleinere Projekte im Kraftwerksbau. Ein gutes, aber kein aufregendes Leben.

Das ändert sich, als Rottmann im Herbst 1990 von seinen Vorgesetzten nach Berlin geschickt wird. Die Wärmeanlagenbau-

Gesellschaft, bekannt als WBB, ist wegen ihrer Standorte in Polen und der zerfallenden UdSSR ins Blickfeld der Essener geraten. Sie wollen den Betrieb übernehmen und so den Markt in Osteuropa erschließen – wenn sich der Kauf rechnet. Wenig ist im Westen bekannt über die tatsächliche Leistungsfähigkeit der Ostbetriebe. Ein Jahr nach Mauerfall sind auch im Ruhrgebiet Geschichten von maroden und völlig veralteten Maschinen und Werkhallen aufgetaucht. Ein Kauf würde ein paar Millionen Mark kosten, darum will sich die Geschäftsführung absichern. Rottmann wird vorausgeschickt, um den Zustand und die Liquidität des WBB zu überprüfen. Für den Angestellten wird die Reise in den Osten die Chance seines Lebens. Noch heute hält sich hartnäckig die Version der Geschichte, dass Rottmann grußlos am Pförtner vorbei ins WBB-Hauptgebäude in der Berliner Wallstraße in Mitte marschierte und im Paternoster mit einem der Geschäftsführer ins Gespräch kam. Der selbstbewusste Mittvierziger hinterlässt Eindruck, bekommt Einsicht in Geschäftsunterlagen und Bilanzen. Schnell wird ihm klar, dass in diesem Betrieb Millionen stecken. Ausstehende Zahlungen und das Bankvermögen allein liegen bei mehr als 150 Millionen D-Mark. Dazu kommen die Gebäude. Zwar sind die Maschinen kaum noch etwas wert, aber allein der Verkehrswert des Firmensitzes soll laut *Berliner Zeitung* bei 100 Millionen D-Mark gelegen haben. Doch anstatt seiner Firma zum Kauf zu raten, behält Rottmann die wahren Zahlen des Betriebs für sich, berichtet stattdessen der Babcock-Führung über ein marodes Unternehmen mit hohen Schulden (tatsächlich waren 30 Millionen D-Mark aufgelaufen), alten Maschinen und enormen Investitionen, die mit einem Kauf verbunden wären. Man sieht vom Kauf ab.

Der erste Schritt in Rottmanns Plan ist vollzogen. Nun will er selbst den WBB übernehmen – von Beginn an mit der Absicht, ihn auszuplündern, wie deutsche Gerichte später überzeugt sein werden. *Der Spiegel* berichtet von einem Geheimtreffen in Rottmanns Keller in

Essen, wo er mit einem der beiden WBB-Geschäftsführer nur ein paar Wochen nach seinem Besuch in Berlin zusammenkommt. Mit dabei sind auch zwei Geschäftsmänner aus der Schweiz, einer von beiden Chef des Unternehmens Chematec. Die Firma ist mit 40 Beschäftigten ein kleiner, mittelständischer Betrieb, soll aber für Rottmann als Kaufinteressent für den WBB auftreten. Der Plan: Die beiden Schweizer, die beiden WBB-Geschäftsführer und Rottmann teilen die Anteile durch fünf und schreiben sich jeweils einen Sicherheitsbetrag von fünf Millionen Schweizer Franken zu, die sie erhalten, ob der WBB nun Bestand haben wird oder nicht.

Weil die kleine Aktiengesellschaft Chematec nur über 1,4 Millionen Schweizer Franken Aktienkapital verfügt, rechnen Rottmann und ihr Geschäftsführer das Unternehmen einfach größer. Statt 40 sind es nun 400 Mitarbeiter, der Großteil in einer Tochtergesellschaft in Brasilien, die natürlich nicht existiert. Man setzt darauf, dass die Treuhand die Angaben nicht sehr gründlich kontrolliert. Der Plan geht auf. Das Treuhanddirektorat Chemie und Anlagenbau ist froh über einen „solventen" Käufer. Für nur zwei Millionen Mark wird das Unternehmen am 27. Februar 1990 verkauft.[2] Im Gegenzug verpflichten sich die Käufer, mindestens 750 Arbeitsplätze zu erhalten – allerdings „nach Auftragslage" und „möglichst", so die Treuhand-Forderungen.[3] Die Schrumpfung der Belegschaft wird schnell umgesetzt. Rottmann ist im Frühjahr 1991 – wie mit Chematec vereinbart – neuer Geschäftsführer der WBB. Den Personalchef Rainer Kusch lässt er immer weiter Mitarbeiter entlassen, um Löhne einzusparen. Zugleich verbreitet er großen Optimismus. Er appelliert an Willen und Durchhaltevermögen der Belegschaft, richtet sich aber zugleich im Loft des Firmensitzes auf 500 Quadratmetern teuer ein. An seiner Seite taucht anstatt der Ehefrau die damals 21-jährige Dresdener Studentin Yasmin auf. Rottmann ist glücklich, strahlt Tatendrang aus. Berühmt wird sein Zitat, Kraftwerke bauen zu wollen, „wie andere Brötchen backen".[4] Das fällt allerdings erst im Januar 1993. Da ist der WBB schon fast pleite und so gut wie in seine Einzelteile zerlegt.[5]

17 volle Briefkästen

Mit dem ersten Tag beginnen Rottmann und seine Partner den WBB zu zerstückeln. Zuerst gründen sie in Olten im Schweizer Kanton Solothurn die Physical Chemical Engineering Holding AG (PCE). Schon im Sommer 1991 wird der WBB an die PCE verkauft – ein Handel nur auf dem Papier. Doch nun haben sie ungehinderten Zugang zum

Vermögen des WBB und zahlen sich daraus den vereinbarten Sicherheitsbetrag von je fünf Millionen Schweizer Franken aus. Sechs PCE-Tochtergesellschaften werden gegründet, dazu kommt eine PCE AG in Liechtenstein. Das Firmengeflecht, das letztlich auf 17 Unternehmen anwächst, die meist nur über einen Briefkasten verfügen, ist die ideale Voraussetzung, um Geld verschwinden zu lassen. Zwei Hamburger Anwälte liefern das perfekte Steuermodell dafür: Sie verkaufen der PCE und ihren Tochtergesellschaften sogenannte Moratoriumsforderungen, Papiere, die völlig wertlos sind, für hohe Summen. Dieses Geld muss dadurch nicht versteuert werden. Die Geschäfte bringen einen erwartet hohen Verlust, der aber wiederum steuerlich geltend gemacht werden kann. Zugleich wandert das Geld über die Anwälte ins Ausland, wo diese zwei Drittel anlegen und den Rest als Provision kassieren. Welches Ausmaß diese Transaktion annimmt, zeigt allein Michael Rottmanns Konto im Liechtensteiner Vaduz: 30 Millionen D-Mark werden am 24. März 1992 überwiesen. Die Anwälte haben sich mit sechs Millionen Mark ebenfalls eine goldene Nase verdient. Insgesamt hat der frühere WBB in einem Jahr nach dem Verkauf durch die Treuhand schon 63 Millionen D-Mark an Vermögen an das Firmengeflecht Rottmanns und seiner Partner verloren.

Während der PCE so langsam die Mittel ausgehen, ist Rottmann noch immer der gut gelaunte, antreibende Chef in Berlin, der seine Führungskräfte neu einkleidet, zu Benimmkursen schickt und Besuche bei Außenstellen der Firma macht, wo er – wie in Zwickau im Herbst 1991 – den Schulterschluss mit den Beschäftigten übt, auf deren Tatkraft setzt. Dass dem schicken Geschäftsführer in der schwarzen Mercedes S-Klasse ihr Schicksal völlig gleichgültig ist, ahnen sie in diesem Moment noch nicht.

Doch die Anzeichen sind da. In den Betrieben wird nicht investiert, die Belegschaftszahl sinkt immer weiter. Rottmanns Partner werden nervös, wollen aussteigen. Der Drahtzieher kauft sie aus dem einst in seinem Essener Keller geschlossenen Vertrag heraus, führt Ende 1992 das Firmengeflecht um die PCE allein. 1993 wird der Niedergang der Firma überdeutlich. Entgegen Rottmanns Ankündigungen wird im Zwickauer Werk nur noch verschrottet. Die Beschäftigtenzahl sinkt auf 250. Die Büros der Berliner Mitarbeiter werden in die Rhinstraße im günstigen Berliner Außenbezirk Marzahn verlegt. Rottmann bereitet derweil seinen Abgang vor, mietet im Sommer 1993 in Vaduz eine Dreizimmerwohnung an – für sich, Yasmin und das Kind, das beide inzwischen zusammen haben.[6]

Die letzten 25 Millionen D-Mark des ehemaligen WBB landen über das erprobte Firmengeflecht bei Michael Rottmann. Umgerechnet rund 70 Millionen Euro verdient er mit dem Verkauf der Immobilien in Leipzig, Zwickau, Berlin und Morgenröthe-Rautenkranz – der letzte Schritt der Auflösung eines eigentlich zukunftsträchtigen Großbetriebs.[7] Rainer Kusch, inzwischen zum Hausmeister degradiert, ist Mitte 1994 mit dem Rest der Belegschaft arbeitslos. Zu Jahresbeginn war Michael Rottmann das letzte Mal in den Berliner Büros. Danach setzt er sich mit seiner neuen Familie ins Ausland ab und lässt das Unternehmen gegen die Wand fahren.[8]

15 Jahre Flucht

Ein freier Journalist deckt schließlich den Skandal auf, Staatsanwaltschaft, Steuerfahndung und Kriminalpolizei nehmen im Sommer 1995 die Ermittlungen auf. Zu spät, wie sich bald herausstellt. Schon im April 1995 eröffnet Rottmann in der Schweiz – nur sechs Kilometer von Vaduz entfernt – ein neues Konto, um zehn Millionen D-Mark aus einem der Immobilienverkäufe über die PCE AG zu erhalten. Als er Tage später das Geld in bar abheben will, weigert sich die Bank. Man befürchtet Geldwäsche. Stattdessen überweist Rottmann acht Millionen an eine Bank in Nassau auf den Bahamas. Die Bank legt diesmal keine Steine in den Weg. Als die Spurensuche der deutschen Behörden am 6. Juli schließlich Fahrt aufnimmt und seine neue Schweizer Bank zehn Tage später Anzeige bei der Bezirksanwaltschaft Zürich stellt, bereitet Rottmann die akute Flucht vor. Selbst die Bankenparadiese Schweiz und Liechtenstein sind kein sicheres Pflaster mehr für ihn. Die Fluchtkasse legt er in Luxemburg an. Sein Anwalt eröffnet dort ein Konto, auf dem nach und nach Millionenbeträge aus Nassau eingehen. Das Geld ist nach diesen Transaktionen sauber. Rottmann flieht mitsamt den Millionen, Yasmin und seinen inzwischen zwei Kindern zunächst in die Karibik, dann in die USA. Von dort zieht es ihn weiter nach London, wo er bis zum Jahr 2000 unbehelligt lebt.

Doch zurück ins Jahr 1995: Ermittler der Zentralen Ermittlungsstelle für Regierungs- und Vereinigungskriminalität (ZERV) haben Rottmanns Fall als einen ihrer wichtigsten auf dem Schreibtisch. Sie sollen Verbrechen in Zusammenhang mit der Auflösung der DDR aufklären. Sie erkennen den Plan Rottmanns und seiner Geschäftspartner recht schnell, ermitteln auch gegen fünf Verantwortliche bei der Treuhand, die das Verbrechen mit dem windigen Verkauf erst ermöglicht hatten. Doch die Beweise für eine Mitschuld fehlen. Keiner der Verdächtigen wird verurteilt. Inzwischen verstreicht ein Jahr. Erst 1996 ergeht ein internationaler Haftbefehl gegen Michael Rottmann. Dass er bei London ein Haus bewohnt, in dem er seine Kinder als Privatlehrer unterrichtet, weiß niemand. Dafür gehen die Ermittlungen in Deutschland weiter. Die ehemaligen WBB-Geschäftsführer werden verhaftet und landen mehrere Jahre hinter Gittern. Ebenso ergeht es einem der Berater Rottmanns, der 1999 wegen Untreue zu drei Jahren verurteilt wird. Doch erst im September 2000, als Ermittler ein Telefongespräch Rottmanns nach Deutschland abfangen, machen sie ihn in England ausfindig. Am 13. September wird er von der englischen Polizei in dem 10.000-Einwohner-Ort Hazlemere in der

Grafschaft Oxfordshire verhaftet, kommt allerdings gegen Kaution wieder frei. Gegen die Auslieferung nach Deutschland legt Rottmann immer wieder Rechtsmittel ein. Neun Jahre kann er auf diese Weise straffrei in England bleiben.

In Deutschland interessiert sich auch die Bundesanstalt für vereinigungsbedingte Sonderaufgaben (BvS) für Rottmann. Die Behörde ist Treuhand-Nachfolger und will das veruntreute WBB-Vermögen zurück. Im Januar 2005 einigt sie sich mit Rottmann auf einen Vergleich. Zwanzig Millionen Euro soll er zahlen. Kommt er dieser Forderung nicht nach, steigt die Summe auf 50 Millionen. Das Geld fließt nie. Im Dezember 2005 meldet Rottmann Privatinsolvenz an. Rund 50 Millionen Euro WBB-Vermögen bleiben bis heute verschwunden. Wie viel davon tatsächlich bei Rottmann gelandet ist, ist umstritten. Rund 20 Millionen D-Mark sollen es gewesen sein, der Rest ist verschwunden. Die Kosten des Falles belaufen sich bis heute auf 13 Millionen Euro – getragen vom Steuerzahler.[9]

18 Monate in Berlin

Die Rückkehr Michael Rottmanns nach Deutschland ist nur ein Zwischenspiel. Am 8. Juli 2009 gibt er seinen Widerstand auf, fliegt zurück nach Berlin und wird sofort verhaftet. Er sitzt drei Monate im Untersuchungsgefängnis Moabit und bezeichnet sich im anschließenden Prozess als „armen Rentner". Er gesteht ein, zu viel Geld aus dem WBB entnommen zu haben, erklärt aber auch, er sei überfordert und falsch beraten gewesen. Die Richter glauben ihm nicht. Zu berechnend und durchgeplant erscheint sein früheres Firmengeflecht. Im Dezember 2009 wird er zu drei Jahren und neun Monaten Haft verurteilt. Sein Anwalt legt Revision ein, dennoch bleibt Rottmann im Gefängnis. Ganze 18 Monate sind es letztlich. Am 28. Oktober 2010 entscheidet der 5. Strafsenat des Bundesgerichtshofs in Leipzig, dass die Strafe aufgehoben wird, weil Rottmanns Vergehen verjährt seien. Der Grund: Um Rottmanns Auslieferung zu erreichen, hatten deutsche Behörden den verhängten Verjährungsstopp in seinem Fall kurzzeitig aufgehoben.[10] Dies war wohl nur einer falschen Formulierung geschuldet. Dadurch musste die tatsächlich vergangene Zeit seit 1994 einbezogen werden.[11]

Die Geschichte seines Abgangs wird von mehreren Medien überliefert. Sie kann so nicht bewiesen werden und erinnert doch an jenen 47-Jährigen, der 20 Jahre zuvor wortlos in die Chefetage des WBB vorgedrungen war: Ein Sozialarbeiter bringt ihm das Fax aus Leipzig mit der Nachricht seiner Freilassung. Sofort steht er auf, packt das wenige Hab und Gut seiner Zelle zusammen, bindet die Krawatte um, zieht das Jackett über und verlässt wortlos die Strafanstalt. Draußen steigt er allein in ein Taxi, fährt zum Flughafen Tegel und verlässt das Land.[12]

Anmerkungen

1 Sächsische Zeitung, 7.12.2010, „Plünderer mit langem Atem".
2 Der Spiegel, 8.11.2010, „Kaufhaus des Ostens".
3 Sächsische Zeitung, 7.12.2010, Plünderer.
4 Berliner Zeitung (BZ), 4.11.2010, „Millionenschaden ist verjährt".
5 Der Spiegel, 8.11.2010, Kaufhaus.
6 Ebd.
7 Sächsische Zeitung, 7.12.2010, Plünderer.
8 Der Spiegel, 8.11.2010, Kaufhaus.
9 Ebd.
10 Ebd.
11 Sächsische Zeitung, 7.12.2010, Plünderer.
12 Der Spiegel, 8.11.2010, Kaufhaus.

DR. SEBASTIAN FINK, geb. 1982, studierte Geschichte, Sprachwissenschaft und Journalistik in Leipzig und absolvierte bei der *Leipziger Volkszeitung* ein Volontariat. Heute arbeitet er als freier Journalist und Autor in Leipzig.

KLAUS STUTTMANN, geb. 1949, studierte Kunstgeschichte und Geschichte. 1976 schloss er mit dem Magister ab. Seitdem arbeitet er als freiberuflicher Karikaturist, vorwiegend im tagespolitischen Bereich, und errang mehrere Preise für sein Werk.

PROF. OLAF JACOBS, geb. 1972, hat Rechts- und Wirtschaftswissenschaften an der Fernuniversität Hagen studiert. Er arbeitet als Produzent und Autor von journalistischen Medien in Leipzig und nimmt Lehrverpflichtungen an der Universität Leipzig und der ARD-ZDF-Medienakademie wahr.